웃는 얼굴로 구워삶는 기술

웃는 얼굴로 구워삶는 기술

세상에서 가장 짧고 쉬운 20가지 심리 법칙

THE LITTLE BOOK OF YES

로버트 치알디니
노아 골드스타인
스티브 마틴 지음
박여진 옮김

위즈덤하우스

지금 당장
예스가 필요하다면

존 레논은 1966년 11월 런던의 인디카 미술관에서 열린 전시회에서 오노 요코와 사랑에 빠졌다. 전시된 작품 중 유독 한 작품이 존 레논의 눈길을 끌었다. 그 작품을 보려면 희미한 조명 아래 불안스레 흔들리는 사다리를 기어올라가야 했다. 사다리 꼭대기에 올라가서 망원경으로 천장에 있는 문구를 보아야만 비로소 완성되는 작품이었기 때문이다. 천장에는 아주 작은 글씨로 한 단어가 적혀 있었다.

작게 쓰인 지극히 단순한 그 단어는 존 레논의 마음을 완전히 사로잡았다. 그는 작품에 너무도 강렬하게 매료된 나머지 그 작품을 설치하고 만든 작가에게도 푹 빠졌다. 위험하고 불안정한 세상에서 살아가던 그에게 그 단어가 지닌 치유의 힘이 깊게 퍼지는 느낌이었다.

많은 사람들이 그 단어를 '사랑'이라고 생각하겠지만 아니다. 그 단어는 사랑에서 나온 것이자 사랑으로 이끌어주는 말로, 우리가 만나는 사회적 관계가 넓을수록 의

심할 나위 없이 더 많이 듣게 되는 말이다.

천장에 적힌 단어는 '예스'였다.

우리는 '예스'라는 말이 헤아릴 수 없이 큰 영향을 미칠 수 있음을 알고 있다. '예스'는 인간관계를 꽃피운다. 더 배우고 탐구하도록 용기를 준다. 구상 중인 프로젝트에 청신호를 의미하기도 하고 기회를 보장해주기도 한다. '예스'는 허락이다. 그리고 예스는 인간의 가장 기본적인 동기, 즉 다른 사람과 유대감을 느끼고 싶어 하는 욕구를 충족시켜준다.

하지만 우리는 'No'라는 좌절의 언어에도 매우 익숙하다. '예스'라는 말이 단순하다는 이유로 타인에게 쉽게 들을 수 있으리라는 믿음에 속아 넘어가서는 안 된다. 이 말을 들으려면 적어도 설득 과정에서 일어나는 특징들을 알고 있어야 한다.

이 책은 20장으로 구성되어 있으며, 각 장마다 읽는 데 기껏해야 5~10분 정도밖에 걸리지 않는다. 모든 장은 효율적인 설득 전략들을 이야기하고 있다. 모두 나의 요구에 상대방이 긍정적으로 동의할 기회를 높여주는 전략들이다. 상대가 동료일 수도 있고 배우자나 직장 상사, 친구,

'예스'는 인간관계를 꽃피운다.

더 배우고 탐구하도록 용기를 준다.

심지어 전혀 모르는 사람일 수도 있다. 이 책에서 얻은 지혜는 일상에서 맞닥뜨리는 다양한 설득의 상황에서 어려움을 극복하도록 도울 것이다. 나빠진 관계를 회복해야 하거나 더 높은 연봉을 이끌어내야 하는 협상 상황일 수도 있고 트위터에서 누군가를 설득하는 상황일 수도 있다. 이웃이나 가족을 돕기 위해 나의 의견을 피력하거나 불안해하는 친구에게 확신을 주어야 할 때, 인간관계망을 구축해야 할 때 등 설득의 상황은 수없이 많다.

설득은 마법이 아니다. 타고난 재능 때문에 다른 사람에게 더 쉽게 영향력을 미치는 사람도 물론 있다. 하지만 그런 능력을 타고나지 못했다고 해서 영향력을 미칠 수 있는 아이디어조차 알지 못하거나 원하는 것을 포기해야 하는 것은 아니다. 수십 년 동안 설득의 기술을 연구한 연구자들은 상대에게 영향을 미치는 데 효과가 있는 보편적인 원칙과 전략을 연구해왔다. 세계적으로 명성 있는 설득 과학자로서 우리는 여러분을 보다 설득력 있는 사람으로 만들기 위해 오직 과학적으로 입증된 생각과 원칙들만 소개할 것이다. 이 책에서는 다양한 원칙들을 소개하고 그 원칙들을 효과적이고 윤리적인 방식으로 사용하는 방식을 보여줄 것이다. '4장 마지막 면접자의 합격률이 높은 이유'에서는 보다 효과적으로 협상할 수 있는 지혜를 알려준다. 또 '14장 모든 관계는 칭찬에서 시작된다'에서는 직장에서 껄끄러운 동료를 대하는 최고의 방법을 알려준다. 간결하고 이해하기 쉽게 구성된 20개의 장을 통해 친구를 더 많이 사귀고, 갈팡질팡하는 이들의 마음을 사로잡고, 자신감을 높이고, 상대가 나를 볼 기회를 더 많이 만들어줄 다양한 설득의 원칙을 실생활에서 활용하는 법을 보여줄 것이다. 가볍게 훑어봐도 좋고 처음부터 끝까지 꼼꼼히 정독해도 좋다. 이 책은 여러분이 일상생활이나 직장 생활에서 '예스'라는 말을 더 자주 들을 수 있도록 지혜를 줄 것이다.

단, 주의해야 할 점이 있다. 한 번 '예스'라는 말을 들었다고 해서 같은 사람에게 앞으로도 또 같은 긍정의 답을 들으리라는 보장이 없다는 것이다. 속아서 혹은 강제로 조종당해서 '예스'라고 말한 기분이 든다면 이후에는 정반대의 대답을 할 것이다. 그러므로 항상 설득에 성공하려면 합리적인 방식으로 통찰력과 기술을 활용해야 한다. '예스'라는 답을 듣는 법을 알고 있다면 강력한 도구가 있는 셈이다. 이 책은 그 시작일 뿐이다.

　존 레논의 유명한 노래 가사 'All You Need Is Love(당신에게 필요한 것은 사랑뿐)'을 'All You Need Is Yes(당신에게 필요한 것은 예스뿐)'라고 바꿔야 한다고 주장하지는 않을 것이다. 하지만 이 책에 담긴 지혜를 통찰력 있고 책임감 있게 이해하고 적용하면 '예스'라는 대답을 훨씬 더 많이 듣게 될 것이다.

차례

조금은 신세 진 기분을
느끼게 하라

상호성의 원칙 ━━━━━━

베푸는 행위는 상대에게 원하는 것을 얻는 첫걸음이다.

관대함의 가치를 입증하는 연구는 오래 전부터 있어왔다. 누군가에게 선물, 호의, 정보, 도움을 베풀면 이를 받은 상대가 좋아하거나 고마워하기 마련인데 진화적 연구에 의하면 상대방이 내게 가지는 고마운 마음이나 호감이 나의 신체적 건강과 정서적 행복을 증진시키기도 한다.

상대에게 무언가를 베푸는 것은 인간 조건의 중심이 되는 행위인데 아주 단순한 이유 때문에 설득 행위와도 특별한 관계가 있다. 도움이나 지원을 받는 사람은 이후 도움을 준 사람이 도움을 필요로 할 때 자신이 받았던 도움을 되돌려주려는 경향이 있다. 이는 '상호성의 원칙'과 같은 맥락이다. 사회성의 원칙은 받은 호의나 도움을 되돌려주려는 인간의 의지를 입증하는 사회적 규칙이다.

모든 인간 사회에는 초창기부터 이 강력한 사회적 규칙이 배어 있다. 부모는 자식에게 '남에게 대접받고 싶은 만큼 남을 대접하라'고 가르친다. 아마 그 부모의 부모 역시 똑같이 가르쳤을 것이다. 그런 가르침이 대대로 내려

오는 것은 단순하지만 깊은 이유 때문이다. 상호성의 원칙대로 행동하면 보통 자원의 교환을 통해 이해 당사자 모두가 더 큰 이익을 얻게 된다. 그 결과 더 많이 협동하고, 효율이 증대하고, 상호 이익이 되고, 관계가 더 오래 지속된다.

생각해보자. 파티에 누군가를 초대하는 사람은 그렇게 함으로써 자신도 그 사람의 파티에 초대될 가능성이 높아진다는 사실을 알고 있다. 그런 방식으로 가치 있고 지속적인 관계를 유지할 가능성이 증가하는 것이다. 직장에서도 동료의 프로젝트에 조언이나 자원, 중요한 정보 등으로 도움을 준 사람은 자신 역시 앞으로 하게 될 프로젝트에서 도움을 받을 수 있으리라고 기대한다. 타인을 돕는 행위가 실제로는 자기 자신을 위한 행동이라는 말이 다소 냉소적으로 들릴 수도 있다. 하지만 여기에서 간과되고 있는 중요한 사실이 있다. 바로 열린 마음으로 자유롭게 베풀 때 상호성의 원칙은 스스로 작동한다는 점이다.

여기서 다른 사람에게 도움이나 선물, 자원을 '먼저' 주어야만 상호성의 원칙이 활성화된다는 사실을 명심하자. 누군가에게 무언가를 베푸는 행위는 상대에게 같은 행동을 하도록 하는 일종의 사회적 의무감을 형성한다. 결과적으로 이렇게 사회적 의무감이 형성된 분위기에서는 신세를 진 사람의 부탁에 '예스'라고 대답할 확률이 더 높아진다. 긍정적인 대답을 이끌어내는 것은 인간의 마음 한편에 있는 양심의 결정보다는 상대에 대한 사회적 의무감인 경우가 더 많다.

마케팅 전문가들은 무료 사은품이나 새로운 앱 평가판이 소비자의 구매로 곧바로 이어지지 않더라도, 이 '선물'의 비용을 상쇄하고도 남을 정도로 충분히 많은 소비자들이 설득된다는 사실을 잘 알고 있다. 자선단체는 연하장 등과 같은 선물을 넣어 호소하는 것이 더 큰 기부를 이끌어낼 수 있다는 점을 잘 파악하고 있다. 장애인 재향군인회를 위한 자선단체는 기부자 한 명 한 명의 이름이 적힌 편지를 발송할 때 평소보다 두 배의 기부금이 모아진다는 사실을 잘 알고 있다.

다른 사람에게 무엇을 준다고 해서 반드시 투자한 만큼 되돌아온다는 말이 아니다. 특히 무언가를 주는 행위가 계산적이고 속이 뻔히 보이는 계략일 경우는 더더욱 그렇다. 전혀 알지도 못하는 사람이 길거리에서 갑자기 돈을 준다고 생각해보라. 무턱대고 선뜻 그 돈을 받을 사람은 많지 않을 것이다. 대다수 사람들은 그렇게 돈을 주는 것이 어떤 속임수나 사기일 거라고 생각할 것이다.

하지만 상대를 충분히 생각하고 그 사람의 개별적인 상황을 배려하는 행위는 당연히 설득력이 있으며 호의를 받은 사람을 누군가에게 도움을 주는 사람, 무언가를 베푸는 사람으로 만들 수 있다. 개성이 사라지고 과잉 정보가 넘치는 세상에서 사소하게라도 상대의 개성을 존중하는 태도는 도움이 될 수 있다. 심리학자 랜디 가너Randy Garner는 설문조사를 실시할 때 참가자의 이름이 적힌 포스트잇을 설문지에 붙이는 것만으로도 설문 응답자가 두 배나 늘어난다는 사실을 발견했다. 손글씨로 받는 이의 이름과 주소를 정성껏 쓴 편지를 받으면 그 편지를 열어보는 것도 같은 이유다. 우편함에 수신인의 시선을 사로잡기 위해 경쟁하듯 꽂혀 있는 각종 공과금과 청구서 틈에서 손으로 쓴 글씨는 단연 눈길을 사로잡는다. 누군가 받는 이에게 들였을 시간과 노력이 느껴지기 때문이다. 어쩌면 그 편지를 받는 이 역시 시간과 노력을 들여 손으로 답장을 쓰게 될 수도 있다.

상호성의 원칙을 토대로 한 설득에서 중요한 점이 있다. 먼저 도움과 응원 혹은 지지를 베푸는 사람, 조건 없이 상대에게 정성을 다해 도움을 준 사람이 주로 친구들 사이에서나 사회적 관계에서 설득력을 갖기 마련이다.

효율적으로 설득을 잘하는 사람은 스스로에게 '누가 내게 도움이 될까?'를 묻지 않는다. 그보다는 '내가 먼저 도움을 줄 수 있는 이는 누구일까?' 하고 묻는다.

- 설득하고 싶은 사람이나 뭔가를 받고 싶은 사람을 떠올려 보라. 그 사람을 위해 혹은 그 사람에게 도움을 주기 위해 먼저 할 수 있는 일은 무엇인가?
- 더욱 설득력 있게 요구할 방법을 생각해보라. 이메일보다는 손으로 쓴 편지를 보내거나 직접 전화를 거는 것은 어떨까?
- '누가 나를 도울 수 있을까?'보다는 '내가 누구를 도울 수 있을까?'를 습관적으로 생각하라.

네가 나였더라도
날 도왔을 거야

교환의 법칙 ━━━━━━

주고받는 문화를 만들면 모두에게 득이 된다.
상대는 물론 나 자신에게도!

자동차 줄이 길게 늘어서 있는 곳에서 어느 친절한 운전자가 내 차가 끼어들도록 배려해주었을 때, 잠시 후 나 역시 다른 운전자에게 똑같이 양보해줄 가능성이 높아진다는 사실을 알고 있는가? 물론 늘 그런 것은 아니다. 여기서 중요한 것은 타이밍이다. 호의를 받은 시점에서부터 내가 그 호의를 베풀 시점에 이르기까지, 조금만 시간이 지체되어도 내가 친절을 베풀 기회는 곤두박질치고 만다.

나 자신이 그렇게 하든 그렇지 않든 이는 사회적으로나 보편적으로 용인된 규칙이다. 어떻게 보면 상호성의 원칙과 매우 비슷하다. 비슷하다고 말하는 이유는 엄밀히 따지면 완전히 똑같지는 않기 때문이다. 시간과 자원을 투자해 내 프로젝트를 도와주는 직장 동료는 자신도 언젠가 그 정도의 도움을 받을 수 있으리라고 기대하기 마련이다. 내가 휴가를 간 동안 집을 살펴준 이웃은 언젠가 자신도 집을 비울 때 내게서 같은 도움을 받을 수 있을 것이라는 현실적인 기대를 하게 된다.

하지만 도로에서 다른 차를 끼워준 운전자가 그 호의를 되돌려 받을 수 있으리라고 기대하기는 어렵다. 그렇다고 그 호의가 아무런 보답도 받지 못한다는 의미는 아니다. 내게 호의를 베풀어준 운전자와 눈이 마주치면 입모양으로라도 '고맙습니다' 하고 인사를 하거나 손을 들어 감사의 인사를 하게 되며 다른 운전자에게 내가 받은 호의를 베풀게 된다. 호의를 되돌려줄 기회가 없을 때는 다른 사람에게라도 호의를 베풀게 되는 것이다. 운전을 하는 상황에서 누군가의 호의를 받았다면 반드시 호의를 베푼 당사자에게만 그 호의를 되돌려주어야 하는 것이 아니다. 이 개념은 인간관계를 구축하고 더욱 성공적인 설득 전략을 짜는 데 도움이 된다.

한 연구기관에서 통신 회사 직원들을 대상으로 동료에게 도움을 받은 사람이 다른 동료에게 도움을 베푼 횟수를 조사한 적이 있다. 또한 이 연구에서는 다른 사람을 돕는 행위가 도움을 베푼 사람의 사회적 지위에 미치는 영향도 조사했다. 다들 예상하다시피, 자신의 시간과 노력을 아끼지 않고 다른 사람을 도와주었던 이들은 다른 동료들에게 인정도 받고 인기도 많은 편이었다. 하지만 이들은 동료에 비해 생산성이 적은 경우가 많았다. 남을 돕고자 하는 의지에는 대가가 따랐다. 자신의 목표에 쏟아야 할 시간이 줄었기 때문이다.

다행스럽게도 연구자들은 동료에게 도움을 주고 사회적 위상도 높이면서 자신의 목표에 해로운 영향을 미치지 않는 이들의 공통점을 찾을 수 있었다. 어떻게 그런 일이 가능할까? 그들에게는 초능력이라도 있는 걸까? 물론 아니다.

그들은 단지 자신이 베푼 도움이 자연스러운 교환 과정의 일부임을 넌지시 드러냈을 뿐이다. 가령 자신의 도움을 받고 고마워하는 이들에게 이렇게 말하는 것이다.

"여기서는 다들 그렇게 하는데, 뭐."

"네가 내 상황이었더라도 날 도와주었을 거야."

그들은 "고맙긴 뭘."이라든지 "나도 도와주게 되어서 기뻐." 혹은 "에이, 아무것도 아닌 일로 뭘." 같은 말은 하지 않았다. 그리고 절대로 "이제 나한테 빚진 거야, 친구!" 하는 식으로도 말하지 않았다.

연구자들의 표현을 빌자면 그들은 교환을 위한 준비

작업을 했으며 그 과정에서 도움을 받은 동료가 똑같이 도움을 베풀 의지를 갖게 해주었다. 여기서 교환이라는 말은 쌍방이 주고받되 서로 이익이 되는 행위를 의미한다. 이런 교환 관계를 통해 동업 관계는 더욱 돈독해지고, 공동체는 더욱 응집성이 좋아지며, 집단의 문화에는 신뢰가 가득하고 건강한 분위기가 형성된다.

교환의 촉매제를 반드시 직장 생활로 제한해서 생각할 필요는 없다. 사회학자들은 가족과 친구들 사이에서 가장 생산적인 교환 관계가 이루어진다는 사실을 검증했다. 거의 모든 경우에서 개인과 개인의 관계가 적절하거나 동등할 때 가장 행복하고 건강한 환경이 조성되었다. 한두 사람이 일방적으로 도움을 주는 경우는 불만과 우울 혹은 불신이 순식간에 그 집단의 지배적 분위기로 자리 잡았다. 이런 분위기가 만들어지는 데는 몇 가지 이유가 있다. 도움을 주는 사람이 단순히 상대에게 자신이 베푼 호의를 되돌려 받으려 하지 않는 경우다. 더러는 도움을 받았던 사람이 기꺼이 좋은 마음으로 도와줄 수 있는 상황인데도 그들에게 도움을 요청하지 못하는 경우도 있다. 혹은 도움을 받은 사람이 받은 도움에 만족하지 못하고 더 큰 도움을 바라는 경우도 있다. 이 경우 그들에게 호의는 더 이상 호의가 아닌 권리가 된다.

물론 가장 좋은 방식으로 도움을 주고받는 방법은 관계의 맥락에 달려 있다. 다른 이들의 도움이 필요한 업무 목표가 있다면 이전에 베풀었던 도움이 상호적인 맥락이었음을 알려주는 것이 좋다. 나의 도움이 진심이었고 지금 도움을 요청하는 것이 결코 강요가 아니라는 전제 하에 정중하게 "도와준다면 정말 큰 도움이 될 거야." 하고 부탁하는 것이 좋은 방법이 될 수도 있다. 팀원들이 협동하는 프로젝트나 함께 정보를 모아야 하는 일처럼 목표가 광범위하고 시간에 크게 구애를 받지 않는 상황이라면 내 도움을 고마워했던 이들에게 다른 사람을 도와주라고 부탁할 수도 있다. 동료나 친구 등 도움이 필요한 이를 도와주라고 말하는 것이다. 어쩌면 그 사람이 다른 부서의 동료나 친구에게 도움이 될 유용한 정보나 지식을 가지고 있을 수도 있다.

그렇다면 도움을 받은 이들은 어떨까? 그들 역시 상호작용 방식으로 작용하는 양방향 도움 방식을 이해하고 타인의 호의를 기꺼이 받을 것이다. 여기서 제안을 하자면 누군가의 도움을 받은 이들에게 도움을 요청하기보다는 조언을 구하는 것이 좋다. 도움을 받은 이에게 조언을 구하면 자연스럽게 상대의 위신을 세워주게 된다. 상대는 자신이 중요한 역할을 하고 있다고 느끼게 되며 더욱 적극적으로 도움을 주려 할 수도 있다. 물론 그렇다고 해서 반드시 다른 사람을 설득하게 된다는 보장은 없지만 중요한 것은 대부분 사람들이 조언을 부탁받았을 때 호의적으로 대응한다는 점이다.

받은 도움을 되돌려주고 다른 사람을 도와주도록 하는 분위기를 조성하느냐 그렇지 못하느냐에 따라 목표를 달성하는 데 탄력을 받을 수도 있고 인간관계의 체증에 꽉 막혀 오도 가도 못할 수도 있다.

• 다른 사람들이 나를 이용한다는 생각이 자주 들면 혹시, 내가 "괜찮아, 문제없어."라는 말을 지나치게 자주 하는 건 아닌지 생각해보라. 다르게 표현할 말은 없는가?

• 사람들이 '고맙다'고 말할 때 그 말을 귀담아 들으라. 감사 기록장을 만들어 주고받았던 고마운 일들을 기록하고, 내 삶에서 주고받는 도움이 적절한 균형을 이루고 있는지 살펴보자.

• 받은 호의를 다른 사람에게 베풀 방법을 생각해보자. 만약 내가 베푼 도움에 고마워하는 동료가 있다면 그 동료에게 내가 속한 팀이나 집단의 다른 누군가에게 도움을 베풀어줄 수 있는지 부탁해보자.

03

8만 원짜리 코트보다 6만 5,000원짜리 스카프가 나은 이유

기분 좋은 선물의 법칙 ━━━━━

중요한 것은 상대의 생각이다.
상대에게 무엇을 원하는지 물어보고, 내가 무엇을 원하는지 말하라.

한 그룹 내 사람들을 대상으로 친구의 생일 선물이나 은퇴하는 동료의 선물을 얼마나 완벽하게 고르고 있는지를 설문조사한다고 생각해보자. 어떤 응답이 나올 것이라고 생각하는가? 만약 여러분이 예상한 응답이 심리학자 프란체스카 지노Francesca Gino와 프랭크 플린Frank Flynn이 실험한 참가자들에게서 얻은 대답과 비슷하다면, 여러분은 선물을 고르는 데 매우 노련한 사람들일 가능성이 크다.

하지만 그 질문 바로 다음에 설문 대상자들에게 친구나 가족, 동료에게 받은 선물이 얼마나 마음에 들었는지를 조사한다면 이야기는 완전히 달라진다. 어쩌면 끔찍한 이야기를 듣게 될 수도 있다. 손으로 짠 입기 애매한 스웨터며 시시하고 자질구레한 장신구, 진심이라고는 없이 실없이 웃긴 선물(가령, 노래하는 전자 물고기 같은)에 이르기까지… 선물을 준 사람들의 주장처럼, 그들이 정말로 좋은 선물을 고르는 탁월한 안목이 있는 이들이라면 핀터레스트나 페이스북에 '재밌긴 하지만 쓸데없는 선물 목록'들이 그렇게 넘쳐나지는 않을 것이다. 해시태그 #BadGifts로 검색해보면 수천 개의 사례를 찾을 수 있다.

교환 가능한 선물이 '상호성의 법칙'의 핵심이라는 점을 고려한다면, 어째서 선물을 주는 사람과 받는 사람은 선물의 질과 유용성, 가치를 보는 관점이 다른 걸까?

한 연구 기관에서는 결혼한 부부들을 대상으로 결혼 선물에 관한 조사를 진행했다. 어떤 부부에게는 지인이나 친구가 미리 작성해둔 목록에서 골라 선물을 해준 경험을 생각해보게 했고 어떤 부부에게는 선물 목록에 없던 선물을 주었던 경험을 생각해보도록 했다. 그다음에는 질문 내용을 바꿔 결혼 때 받은 선물들을 생각해보도록 했다. 그리고 위 질문과 비슷하게, 선물 목록에 있던 선물을 받은 사례와 없던 선물을 받은 사례를 생각해보도록 했다.

조사 대상자들이 받은 선물의 금전적 가치는 대략 75 파운드(11만 원 정도)로 비슷한 수준이었다. 선물을 준 사람들은 받고 싶은 선물 목록에 그 선물이 있건 없건 상관없이 선물을 받은 사람이 고마워할 것이라고 생각했다. 하지만 결혼 선물을 받은 부부에게 설문조사를 한 결과, 받고 싶은 선물 목록에 없는 선물을 받았을 때보다는 목록에 있는 선물을 받았을 때 훨씬 더 고마워했다.

어떻게 보면 당연한 이야기다. 결혼을 준비하는 커플은 신혼집에 필요한 물건 위주로 작성해둔 선물 목록에서, 누락되거나 중복되지 않은 선물을 받았을 때 더없이 고마울 것이다. 치즈 도마가 세 개씩 필요한 사람이나 노래하는 전자 물고기가 두 마리나 필요한 사람은 별로 없지 않겠는가?

맥락이 다른 상황에서는 어떨까? 가령 결혼 선물이 아니라 생일 선물이라면? 연구원들이 추가 연구를 통해 다른 상황을 가정해 조사를 했지만 결과는 똑같았다. 선물을 주는 사람은 받는 사람이 그 선물을 바랐는지 바라지 않았는지 여부가 선물을 받았을 때의 기쁨과 고마움 정도에 큰 영향을 미치지 않을 것이라고 생각했다. 하지만 실제 사람들은 자신이 받고 싶다고 말했던 선물을 받았을 때 훨씬 더 행복해하고 고마워한다.

그렇다면 완벽한 선물을 고르는 간단한 해결책은 선물을 받을 친구나 가족에게 받고 싶은 선물 목록을 작성하게 한 뒤 그 목록 내에서 고르면 되는 것 아닌가?

그렇다!

하지만 이 방법에도 문제는 있다. 선물을 받을 친구에게 무엇을 원하는지 물어본다는 의미는, 그 사람이 꼭 필요로 하는 선물을 파악하지 못할 정도로 상대와 친밀하지 않다는 의미가 아닌가? 혹은 당신이 선물을 고르는 데 시간과 노력과 수고를 들이는 것을 귀찮아한다고 생각할 수도 있지 않을까?

이런 염려는 필요 없는 것으로 밝혀졌다. 원하는 선물을 밝히고 그 선물을 받은 사람들은 진정으로 원하는 것을 받았기 때문에 훨씬 더 고마워한다. 또한 내가 준 선물에 상대방이 얼마나 고마워하느냐는 중요한 문제다. 상대에게 미래 어느 시점에 그 선물에 대한 보답을 할 수 있도록 동기를 부여해준다는 측면도 있지만 무엇보다도 그 선물이 상대를 기쁘게 해주기 때문이다. 그러므로 누군가를 위한 선물을 고를 때는 그 사람이 진정으로 원하는 것을 확인해서, 주는 사람이나 받는 사람 모두 기쁜 선물을 준비하는 것이 좋다. 받은 사람은 원하던 선물을 받아 고맙고 행복하고, 준 사람은 상대가 좋아하니 안심이 되고 행복한 그런 선물 말이다.

그렇다면 선물에 어느 정도의 비용을 써야 하는가? 살

다 보면 보통 베푼 만큼 돌려받는다는 사실이 와닿을 때가 많다. 그렇다면 선물에 얼마의 비용을 들이는지가 중요할까? 그렇다. 하지만 어쩌면 여기서 그렇다는 말은 여러분이 생각하는 의미가 아닐지도 모른다. 값비싼 선물이 늘 고마운 선물은 아니다. 경우에 따라서는 소박한 선물이 훨씬 더 귀한 선물이 되기도 한다.

한 연구에서 연구자들이 실험 참가자들에게 두 가지 선물을 주었다. 하나는 코트 치고는 상대적으로 저렴한 울 코트였고(약 8만 원) 또 다른 하나는 스카프 치고는 다소 비싼(약 6만 5,000원) 제품이었는데, 선물을 받은 참가자들은 돈으로만 따지자면 울 코트 쪽이 더 비쌌지만 스카프를 준 사람이 더 인심이 후하다고 평가했다. 가족이나 친구에게 사려 깊고 배려 있는 선물을 주고 싶다면 (그러면서도 은밀히 돈도 아끼고 싶다면) 가격대가 낮은 제품군 중에서 고가의 선물(6만 5,000원짜리 스카프처럼)을 구매하는 것이 가격대가 높은 제품군에서 저렴한 제품을 사는 것보다 낫다. 이런 선물은 장점이 많다. 일단 선물을 받은 사람이 더 고마워한다. 상대는 나를 인심이 후한 사람이라고 생각하게 된다. 그리고 가장 중요한 점은, '저렴한'

값비싼 선물이 늘 고마운 선물은 아니다.

경우에 따라서는 소박한 선물이

훨씬 더 귀한 선물이 되기도 한다.

선물이라는 꼬리표가 붙을 위험을 없앨 수 있다.

• 상대에게 원하는 선물을 물어봐도 괜찮다. 물어보고 선물을 주면 받은 사람도 준 사람도 더 행복해질 수 있다.

• 다시 말하면, 여러분도 누군가에게 원하는 선물을 말해도 전혀 문제될 것이 없다는 의미다.

• 누군가를 위한 선물을 살 때는 와인 한 병이든 생일 선물이든 가격의 상대성을 명심하라. 비싼 선물보다는 질 좋은 선물이 훨씬 낫다.

04

마지막 면접자의
합격률이 높은 이유

순서와 합격의 상관관계 ————

비교대상의 유무와 순서는
그 아이디어나 요구의 가치만큼이나 중요할 수도 있다.

가령 당신이 속한 팀이 새로운 프로젝트를 위해 발표를 해야 하는 상황이라고 생각해보자. 아니라면 꿈꾸던 승진 자리를 두고 최후의 세 명만 남은 상황을 상상해보자. 그 과정에서 여러분이 등장하는 순서가 프로젝트의 성공에 조금이라도 영향을 미칠까? 다시 말해 첫 번째 순서로 등장하면 성공의 기회가 높아질까? 아니면 마지막에 등장해야 가능성이 더 높아질까?

예를 들어, 구직 면접을 생각해보자. 다른 구직자들처럼 여러분도 면접 준비를 아주 잘했다고 가정해보자. 이력서도 새로 다듬고, 예상 질문에 대한 답도 매끄럽게 준비했다. 이전의 경험과 성취가 어떻게 이 일에 도움이 될 수 있는지를 증명해주는 자료와 증거들을 모아 최고의 인재임을 보여줄 수 있도록 만전을 기했다.

하지만 여기에서 여러분이 고려하지 않았을 법한 요소가 하나 있다. 바로, 면접을 보는 순서가 그 직장에 다닐지 말지를 결정하는 데 대단히 중요한 역할을 할 수 있다는 점이다.

몇 년 대학 동기가 최고의 대학에 면접을 보러 간 적이 있다. 학교 측에서는 지원자가 많아 하루 종일 면접을 보게 될 것이라고 설명해주었다. 친구는 면접이 이루어지는 장소와 다른 도시에 살고 있었기에 학교 측에서는 그에게 이동 시간을 고려해 면접 보기 편한 시간대를 고르라고 배려해주었다. 그는 밤에 도착해 다음 날 아침 첫 인터뷰를 하기로 했을까? 아니면 늦게 면접을 봐서 하루 안에 모든 일정을 마치는 방법을 택했을까? 그는 전자를 택했다. 아침 일찍 처음으로 면접을 봐서 강렬하고 좋은 인상을 주어서 이후에 면접을 보는 후보자들보다 경쟁력을 확보하자는 생각에서였다. 안타깝게도 그의 계획은 제대로 효력을 발휘하지 못했다. 그는 구직에 실패했다.

어쩌면 그날 운이 나빴던 건지도 모른다. 아니면 다른 후보자가 그보다 더 적임자였는지도 모른다. 그날 경험 덕분에 그는 구직 면접의 심리를 좀 더 깊이 연구하게 되었고 뜻밖에도 그는 놀라운 사실을 발견했다.

세계적으로 명성이 높은 대학에서 5년간 치러진 면접을 무작위로 골라 살펴본 결과 가장 마지막에 면접을 본 후보자가 거의 항상 구직에 성공했다는 사실을 발견했다. 그는 이런 현상이 학문 분야에만 있는 특이한 현상일 것이라고 생각해서 다른 분야의 경쟁적 상황도 살펴보았고 비슷한 패턴을 발견했다. 음악 경연대회인 〈유러비전 송 콘테스트〉에서 끝부분에 등장한 후보자가 더 높은 점수를 받았으며 우승을 하는 경우도 많았던 것이다. 〈아메리칸 아이돌〉이나 〈엑스 팩터〉 같은 오디션 프로그램도 마찬가지였다. 직장 면접이나 영업 홍보, 각종 오디션 프로그램 등과 같이 경쟁을 벌여야 하는 자리에서 평가를 하는 심사관들이 처음 보았던 후보들을 쉽게 잊기 때문일까? 만약 그렇다면 후보자들을 연달아 평가해야 하는 상황에서는, 이전에 보았던 후보자를 쉽게 잊는 효과를 없애야 한다. 하지만 그렇지 않다. 이런 일이 일어나는 이유는 다른 데 있다. 놀랍게도 이는 후보자들이 보여준 실력이나 능력과는 크게 상관이 없으며 그 후보자가 등장한 순서와 관련이 있다.

뭔가 결정을 내릴 때 백지상태에서 결정을 내리는 경우는 드물다. 선택은 불가피하게 이미 진행된 다른 것들의 맥락에 영향을 받는다. 이러한 맥락에는 잠재적 대안,

서너 명의 후보자들과

하나의 기회를 놓고 경쟁을 벌이는 상황이라면

우리의 충고는 이것이다. 맨 뒤로 가라.

물리적 환경, 이전에 결정을 내렸던 순간에 대한 판단 등이 포함될 수 있다. 예를 들어, 레스토랑에서 와인 한 잔을 고르는 상황을 생각해보자. 메뉴판의 와인 목록이 저렴한 순으로 정리된 경우이다. 한 잔에 5,000원짜리 와인부터 시작하기 때문에 8,000원인 와인은 상대적으로 비싸게 보인다. 하지만 1만 3,000원짜리 와인부터 기입되어 있다면 8,000원짜리 와인은 상대적으로 저렴하게 느껴질 것이다. 와인 가격에는 아무 변화가 없다. 단지 와인 목록의 순서만 바뀌었을 뿐이다.

정말이다. 목록의 순서는 비교와 선택에 큰 영향을 미친다. 갑자기 구직 면접이 다른 시각에서 보일 것이다.

만약 여러분이 수많은 후보자 중 한 명이라면 가장 처음에 능력을 선보이는 것이 다른 사람과 비교되지 않아 유리할 것이라고 생각하는 실수를 저지르지 않길 바란다. 아무도 비교 대상이 없는 상황이라면 모를까 분명 영향을 받는다. 여기서 이야기하는 것은 어느 모로 보나 완벽한 이력이 적힌 후보자들의 서류에 관한 것이다. 선택을 내리는 심사관들은 첫 후보자들에게 더 엄격한 경우가 많다. 처음에 본 후보자에게 높은 점수를 주면 뒤의 후보자들에게 높은 점수를 줄 수 있는 여지가 별로 남지 않게 되기 때문이다. 그러므로 모든 조건이 동일하다면, 즉 여러분이 서너 명의 후보자들과 하나의 기회를 놓고 경쟁을 벌이는 상황이라면 우리의 충고는 이것이다. 맨 뒤로 가라.

설득력을 높이기 위해 보여주고자 하는 것들의 순서를 미묘하게 바꿀 수 있는 또 다른 방법도 있다. '늘 비교 대상을 두라'는 말은 성공한 이들에게 마법의 주문과도 같다. 여러분이 설득하고자 하는 대상이 결정을 내리는 순간에는 여러분의 요구나 제안을 비교할 것이라는 사실을 늘 명심해야 한다. 좋은 비교라면 어떤 비교라 해도 성공 가능성을 높일 수 있다. 심지어 여러분이나 여러분의 친구의 실적을 더 높여줄 수도 있다. 한 연구에서는, 주어진 과제가 여섯 가지인 사람들에게 다른 그룹의 사람들은 주어진 과제가 열 가지라는 말을 미리 해주면 여섯 가지 과제를 모두 끝내는 경우가 훨씬 많다는 사실을 발견했다.

그러므로 여러분의 제안이나 요구에 도움이 되는 비교 자료나 기존의 맥락을 제시하면, 설득의 대상은 결정을 내리는 순간 여러분의 제안을 더 긍정적으로 평가할 것이라는 사실을 명심해야 한다.

- 서너 명의 후보자와 경쟁을 벌이는 상황에서 다른 조건이 모두 동일하다면, 가장 마지막에 등장하도록 하라.

- 제안이나 요구 사항을 준비할 때 도움이 될 만한 비교 자료도 함께 준비하도록 한다.

- 설득하고자 하는 대상이 여러분의 제안을 무엇과 혹은 누구와 비교할지 반드시 염두에 두라. 그리고 그보다 더 솔깃한 제안을 하도록 노력하라.

05

'같은 처지'에 있다는 사실을 어필하자

유니폼 전략 ━━━━━━

'당신과 나'보다는 '우리'라고 생각하면
다양한 방식으로 사람들을 내 편으로 만들 수 있다.

1914년 12월, 유럽은 가장 처참했던 전투를 벌이고 있었다. 적군은 서부전선에 바짝 근접했다. 소리치면 들릴 정도로 가까이 침투한 지역도 많았다. 전투는 몇 주에서 몇 달로 늘어났고 병사들은 반대편 참호에 적군이 대치하고 있는 상황에 점차 익숙해졌다.

점차 양측이 협력하는 상황이 잦아졌다. 적군은 일부러 사격을 중지해서 상대 진영이 밤에 전사한 전우를 수색할 수 있도록 도왔다.

발포를 중단함으로써 상대와 협력하는 일종의 협조 관계는 그 유명한 '크리스마스 정전(1차 대전 중 100미터도 채 안 되는 전장에서 대치하던 영국과 독일군이 〈고요한 밤 거룩한 밤〉에 맞춰 각각 백파이프를 연주하고 노래로 화답하면서 풋볼 경기도 하고 카드 게임도 했던 일화를 이른다.-옮긴이)'의 토대가 되었다. 1914년, 크리스마스 이브에 양쪽 군대는 자발적으로 사격 중지를 선언했다. 병사들은 참호에서 나와 적군과 함께 풋볼 경기를 했다.

적군임에도 불구하고 공동의 목표를 위해 협력하는 모습은, 서로 먹고 먹혀야 하는 냉혹한 전쟁터에는 어울리지 않는다고 생각하는 이가 많다. 크리스마스 정전이 전쟁 역사상 가장 유명한 일화가 된 것도 그런 이유 때문이다.

첨예한 갈등의 현장에서 협력은 말처럼 쉽지 않을 수도 있다. 많은 사람들이 다른 사람과 자신을 구분해서 생각한다. '너'와 '나', '그들'과 '우리'를 분리하여 자기 자신만 생각하는 부족적 사고방식에 사로잡히곤 한다. 하지만 협력은 설득의 중요한 수단이다. 구분 짓기보다는 함께하는 방법에 집중한다면 협력은 훨씬 더 쉬워질 것이고 마침내 설득에 성공할 것이다. '너'와 '나'로 가르기보다는 '우리'라고 생각하자.

이 사례에 해당하는 것이 바로 크리스마스 정전이다. 병사이자 풋볼 애호가라는 공통점이 잠시나마 적과의 협력을 이끌어냈다. 협력할 수 있는 분야를 찾고 공통의 관심사를 강조하는 것은 오늘날에도 여전히 강력한 효과를 발휘한다.

뛰어난 연구들을 진행했던 영국의 심리학자 마크 레

빈Mark Levine은 맨체스터 유나이티드 축구 팀을 응원하는 사람들에게 응원하는 팀의 어떤 점이 좋은지를 작성하게 했다. 그리고 실험 참가자들에게 연구 다음 단계를 진행해야 하니 옆 건물로 걸어가 달라고 요청했다. 이때 건물로 걸어가던 참가자들은 누군가(실험을 위해 참가한 사람이) 발에 걸려 넘어져 부상을 입는 광경을 목격했다. 여러 차례 진행한 실험에서 부상을 입은 사람이 평범한 흰 셔츠를 입고 있을 때도 있었고, 맨체스터 유나이티드 유니폼을 입었을 때도 있었고, 경쟁 상대의 유니폼을 입고 있기도 했다.

일부러 특정 광경을 목격하게 한 이 실험에서는 실험 참가자들 중 얼마나 많은 이들이 가던 길을 멈춰서 넘어진 사람을 돕는지 관찰했다. 관찰 결과 평범한 흰 셔츠를 입은 사람이 넘어졌을 때는 참가자 중 약 3분의 1만이 도와주었으나 맨체스터 유나이티드 유니폼을 입은 사람이 넘어졌을 때는 압도적인 수의 참가자들이 넘어진 사람을 도와주었다. 예측 가능한 결과이겠지만, 경쟁 팀의 유니폼을 입은 사람이 넘어졌을 때 도와주는 이도 가장 적었다. 이 실험만 보더라도 사람들은 자신이 속한 집단의 구

상대와 나를 구분하는 것보다는

서로를 하나로 묶어줄 공동의 목표를 공유하는 것이 낫다.

성원을 더 적극적으로 도와준다는 사실을 뚜렷하게 알 수 있다.

다행스럽게도, 이 연구에 의하면 사람들이 처음에 외부인이라고 여겼던 이들과 절대 협력하지 않을 정도로 완전히 편협한 것은 아니라는 사실도 드러났다. 연구에서는 같은 실험을 반복하면서 이번에는 응원하는 팀의 좋은 점이 아니라, 그 팀의 응원단이 되어 좋은 점이 무엇인지를 물었다. 이 질문으로 진행한 실험에서는 경쟁 팀의 유니폼을 입은 사람을 도와주는 사람이 두 배로 늘었다.

1차 대전 당시 있었던 크리스마스 정전의 경우, 몇 달 동안 이어진 소득 없는 전투를 치르면서 병사들은 적의 전선 너머에 있는 이들도 자신들과 비슷한 처지의 사람이라고 생각했을 가능성도 있다. 영국군 대 독일군이 아닌 '전쟁에 지칠 대로 지친 병사'라고 하는 동질적 관점으로 보게 되었을 수도 있다. 경쟁관계에 있는 사람들에게 서로 협력하도록 요구해야 하는 상황이라면 설득의 과정이 어렵겠지만 기본 규칙은 같다. 상대와 나를 구분하는 것이 아니라 하나로 묶어줄 공동의 목표와 공유할 수 있는 더 큰 공통점에 집중하는 것이다. 양측이 우선 동의할 수 있는 것을 정하고 그것을 논의의 중심에 두어야 한다. 뻔한 전략처럼 들릴지 모르지만 흔히들 가장 필요한 순간에 이 전략을 잊어버리곤 한다.

다른 사람과 협력적인 유대관계를 쌓을 수 있는 또 다른 방법은 상대방을 적극적으로 참여하도록 유도하는 것이다. 가령, 직장에서 좋은 아이디어가 떠올랐다고 가정해보자. 혼자 인정을 받으려는 욕심에 그 일을 홀로 진행하기보다는 먼저 계획의 밑그림을 그리고 그다음 동료나 상사에게 계획에 동참해줄 것을 부탁하는 것이 더 좋은 결과로 이어진다. 나의 계획에 상대가 동참하게 함으로써 상대에게 협력은 물론 공동의 주인 의식까지 만들어줄 수 있기 때문이다. 이런 전략을 '이케아 효과'라고 부른다. 완제품을 구매하는 것보다 조립형 제품을 구매해 직접 조립해서 만든 캐비닛을 뿌듯해한다는 데서 생긴 이름이다. 이런 이름이 붙은 이유는 사람들은 자신이 부분적으로 참여해서 이룬 성과를 훨씬 더 가치 있게 여기기 때문이다.

• 진행하고 싶은 프로젝트나 제안하고 싶은 아이디어가 있다면 상사에게 이렇게 말하라. "이 프로젝트를 도와주신다면 정말 든든할 겁니다." 다른 사람을 프로젝트에 참여시키는 것은 더 많은 아이디어를 모으고 회사에 성공적으로 프로젝트를 설득시킬 수 있는 중요한 단계다.

• 냉담한 동료나 이웃을 설득할 때는 설득에 앞서 나와 그 사람의 공통점을 먼저 부각시켜라.

• 상대를 만나기 전 링크드인이나 페이스북 등 상대의 SNS를 통해 공통의 관심사나 경험을 미리 파악해둔다.

• '2장 네가 나였더라도 날 도왔을 거야'에서 살펴본 대로 상대의 조언을 구하는 것은 매우 유용한 전략이다. 조언을 구하면 파트너쉽과 팀워크를 강조하게 되고 결과적으로 협력을 이끌어낼 수 있다.

06

바보들은
슬플 때 쇼핑을 한다

슬픔과 의사결정의 상관관계 ━━━━━━

감정은 모든 상호작용에 영향을 미친다.
그러므로 누군가에게 영향을 미치고 싶다면
먼저 잠시 멈추고 자신의 감정 상태를 살펴보아야 한다.

미국 드라마 〈섹스 앤 더 시티〉의 팬이라면 캐리 브래드쇼가 다리를 다쳐 절뚝거리는 사만다와 함께 뉴욕 거리를 걷는 장면을 기억할지도 모르겠다. "아야!" 사만다가 소리를 지르자 고통스러워하는 친구가 안타까웠던 캐리 브래드쇼는 이렇게 말한다.

"그렇게 아픈데 왜 굳이 쇼핑을 하려는 거야?"

"발가락이 아픈 거지 영혼이 아픈 건 아니니까."

사만다가 대꾸한다.

많은 이들이 공감할 것이다. 위로가 필요한 순간 혹은 슬픔을 이겨야 할 때 쇼핑을 하는 이들이 많다. 하지만 이것은 현명한 방법이 아니다. 아마도 많은 사람들이 무언가를 선택할 때 감정의 영향을 받은 경험이 있을 것이다. 당시에는 옳다고 생각해 내린 충동적인 결정이 장기적인 관점에서 보면 결국 큰 비용을 감내하는 결과로 이어진 적도 많을 것이다.

설득에서도 감정의 역할이 얼마나 중요한지 제대로

인지하는 것이 중요하다. 구매나 협상 같은 의사결정 과정에서 감정의 역할에 주목한 연구들은 매우 많다. 가령 슬픔에 빠진 사람이 감정의 수렁에서 헤어나기 위해 얼마만큼의 비용을 들일 용의가 있는지를 고찰한 연구도 있다. 슬픔에 잠긴 구매자는 마음이 평온한 구매자에 비해 더 비싼 물건을 구매하는 경우가 많다. 또한 슬픔에 잠긴 판매자는 그렇지 않은 판매자보다 더 낮은 가격에 기꺼이 물건을 팔려는 경우도 많다. 한 연구에서는 사람들에게 영화 두 편을 보여주었다. 한 편은 슬픈 감정을 이끌어내는 영화였고 또 다른 한 편은 중립적인 감정을 유지할 수 있는… 물고기에 관한 영화였다.

영화를 관람한 뒤 연구 팀은 실험 참가자들을 두 그룹으로 나누었다. 한 그룹에는 다양한 물건을 제시하고 그 물건들을 얼마의 가격에 살 용의가 있는지를 물었다. 그리고 다른 한 그룹에는 그 물건을 얼마에 팔 용의가 있는지 물었다. 슬픈 감정에 빠진 구매자들은 중립적인 감정의 구매자보다 물건을 구매하는 데 약 30퍼센트 이상의 비용을 지불할 의사를 보였다. 또한 슬픔에 빠진 판매자들은 중립적 감정의 판매자가 제시한 판매가격의 1/3 정도에 판매하겠다고 대답했다. 이런 결정은 자신도 전혀 의식하지 않은 상태에서 내려진 듯했다. 아무도 자신들에게 남은 슬픈 감정의 여파가 그렇게 깊은 줄 알지 못했다.

물론, 특정 행동을 유발하거나 다른 사람을 설득하는 데 영향을 미치는 감정이 슬픔만은 아니다. 모든 감정이 영향을 미칠 수 있다. 어떤 기회를 얻어 설레고 들떴던 때를 떠올려보라. 그런 상황에서는 그 기회가 줄 수 있는 좋은 점에 지나치게 집중하려는 경향이 있어서 직면할 수 있는 위험을 제대로 파악하지 못하는 경우가 많다. 반대로, 어떤 일에 대해 걱정을 할 때는 일이 잘못될지도 모른다는 생각에 사로잡혀 그 상황에서 얻을 수 있는 정말 좋은 것들을 인지하지 못한 채 지나쳐버리기도 한다. 다른 조건이 모두 동일하다면, 감정적으로 중립인 상태에서 의사결정을 내릴 때 더 나은 결정을 내린다.

그러므로 중요한 결정을 내리기 전이나 중대한 협상을 시작하기 전, 심지어 다소 불편한 내용의 이메일에 답장하기 전 반드시 자신의 감정 상태를 확인하는 것이 중요하다. 통신사와 계약 조건을 협상하는 것에서부터 새로 집을 장만하거나 직장 면접을 보는 일에 이르기까지 모

슬픔에 잠긴 구매자는 마음이 평온한 구매자에 비해

더 비싼 물건을 구매하는 경우가 많다.

든 상황에 감정이 관여한다. 감정이 고조될 것 같으면, 아무리 의사결정에 영향을 미치지 않을 자신이 있더라도 일단 잠시 멈추는 것이 좋다. 말처럼 쉽지는 않겠지만 감정을 고르는 잠시의 시간이 결과적으로 큰 도움이 될 수 있다. 감정을 잠시 가다듬고, 생각을 명료히 하면 상대를 설득시킬 수 있는 요소들이 더욱 많아진다.

직장에서 감정을 가다듬을 잠시의 틈도 못 낼 정도로 회의와 미팅 일정이 꽉 짜인 사람은 어쩌면 자신을 학대하고 있는 건지도 모른다. 이럴 경우에는 일정과 일정 사이에 잠시라도 쉴 시간을 만들어야 한다. 그래야 한 회의 자리에서 생긴 감정이 다음 회의까지 흘러가는 것을 줄일 수 있다. 특히 다음 회의가 중요한 결정을 내리는 자리이거나 결정적인 협상을 해야 하는 자리일수록 중간에 잠시 쉬어가는 시간은 더욱 중요하다.

친구들이나 가족들과의 관계도 마찬가지다. 좌절과 근심, 분노 혹은 다른 우울한 감정 상태에서 어떤 사안에 대해 논의하다 보면 간단하게 의견을 나누며 결론을 도출할 수 있는 문제가 영향력과 설득력을 발휘하지 못하는 상황으로 치닫기 쉽다.

다른 사람의 결정에 영향을 미치려 할 때도 그 사람의 감정이 하는 역할에 주의해야 한다. 하지만 이제 막 심란한 소식을 들은 이를 설득하려 한다거나 상대의 기분을 우울하게 만들 주제를 언급하는 것은 현명하지 못하며 경우에 따라서는 도덕적으로도 잘못된 행동이 될 수도 있다. 상대의 부정적인 감정을 이용해 의사결정을 재촉하면 후회와 분노로 이어지는 경우가 많으며 장기적인 인간관계도 실패하게 된다. 사실, 누군가 안 좋은 일을 겪고 있을 때는 오히려 협상을 미루자고 제안하는 것이 좋다. 그렇게 배려할 때 인간관계도 더욱 견고해진다. 상대방도 나를 더 좋은 사람, 배려가 깊은 사람, 현명한 사람으로 보게 될 것이다.

조금이라도 더 '예스'라는 답을 듣고 싶은 사람이라면 새겨야 할 귀중한 조언들이다.

- 중요한 회의나 협상자리에 나가기 전 이렇게 자문해보라. '지금 내 마음 상태는 어떤가?' 현재의 마음 상태가 의사 결정에 도움이 되지 않는다면 잠시 시간을 내서 감정을 가라앉히도록 한다.

- 회의나 협상에 방해가 되는 강렬한 감정을 다스릴 방법을 찾는다. 자리에 들어가기 전 신선한 공기를 마시거나 짧게 산책을 하거나, 잠시 조용한 시간을 갖는 것도 방법이다. 중요한 결정을 방해하는 감정으로부터 멀어질 수 있는 환경을 조성한다.

- 누군가에게 무언가를 부탁하거나 누군가를 설득할 때는 적절한 시점을 고르도록 한다. 상대가 언짢은 기분이거나 화가 나 있거나, 깊은 고민에 빠져 있을 때는 나의 용건을 미루도록 한다.

07

때로는 먼저 거절당하는 것이 유리하다

거절 후 양보 전략 ━━━━━━━

첫 번째 요구는 그다음 요구의 성공 여부에 뚜렷한 영향을 미친다.
먼저 높은 수준의 요구를 하고 그 다음 타협을 하자.

거리를 걷고 있는데 지극히 평범해 보이는 사람들이 당신에게 다정한 미소를 지으며 다가오고 있다. 그들은 자신들을 지역 청소년문제 관련 단체에서 나온 사람들이라고 소개한 뒤 당신에게 이번 주말에 아이들과 함께 동물원에 가는 행사에 자원봉사를 해줄 수 있는지 물어본다. 여러분은 이미 주말에 계획한 일이 있기에, 그들과 최대한 시선을 맞추지 않고 정중히 거절한다. 그들이 누군가를 설득해 자원봉사 동의서에 서명을 받아내는 일에 서툴다고 생각하는 이도 있을 것이다. 아마 그 생각이 맞을지도 모른다. 이 상황에서 상상할 수 있는 시나리오는 사실 이미 연구로 입증되었다. 도움을 요청하는 이들에게 선뜻 긍정적인 대답을 한 사람들은 매우 적었다.

하지만 청소년문제 단체 사람들이 방식을 바꿔 행인들에게 도움을 요청하자 다른 결과가 나왔다. 이번에는 주말에 아이들을 데리고 동물원에 가는 자원봉사를 하겠다고 대답한 이들이 세 배나 되었다. 이 전략은 비용이 많이 드는 것이 아니었고, 특정 유형의 사람만을 골라 설득한 것도 아니었다. 이 전략에 필요한 것은 그저 인간의 타협 심리에 관한 기본적 이해가 전부다.

"우리 센터의 상담사가 되어주시겠습니까?"

그들은 사람들에게 앞으로 3년 동안 지속될 프로그램에 매주 주말마다 두 시간씩 투자해야 한다는 설명을 구구절절하기 전에 먼저 저 질문을 했다. 사람들에게 구구절절 위의 설명을 다 한다고 생각해보라. 대다수는 무심히 지나치거나 거절할 것이다.

아무도 선뜻 자원봉사에 서명을 하지 않을 것이다. 그런데 놀라운 일이 벌어졌다.

완강하게 거부 반응을 보이지 않는 이들에게 단체 사람들은 곧장 타협안을 제시했다. "3년 동안 지속되는 프로그램에 자원봉사를 한다는 것이 얼마나 큰 노력이 들어가는 일인지 충분히 이해합니다. 그러면 본격적으로 프로그램에 참여하시기 전에, 이번 주에 아이들과 함께 동물원에 가주시는 건 어떨까요?"

결과는 어땠을까? '예스'라고 대답한 사람의 수가 세 배로 늘었다.

이와 비슷한 연구에서도 마찬가지였다. 수용하기 부담스러운 큰 요구에 '아니요'라고 대답한 사람들도 '즉시' 이보다 작은 요구를 할 때에는 '네'라고 대답하는 경우가 많다는 사실이 드러났다. 이런 현상이 일어나는 이유는 사람들이 보통 양보와 타협을 일종의 선물로 보기 때문이다. 1장에서 우리는 상호성의 원칙에 따라 사람들이 누군가에게 받은 것을 되돌려주어야 한다는 사회적 의무감을 느낀다는 사실을 살펴보았다. 사회적 의무감에 대한 인간의 반응은 반드시 선물이나 호의, 공짜 샘플 같은 것에만 해당되는 것이 아니다. 이는 양보와 타협에도 적용된다.

사회 심리학자들이 '거절 후 양보' 접근 방식이라 부르는 이 전략은 첫 번째 요청이 받아들이기 어려울 정도로 지나치게 극단적이지 않을 때 가장 효과적이다. 작은 요청이 더 수월하게 '보이도록' 의도적으로 과하게 설정한 첫 번째 요청은 명백한 속임수처럼 보이며 주로 거절당한다. 그렇다고 해서 첫 번째 요청을 대담하게 하지 말아야 한다는 의미는 아니다. 사실, 누군가를 설득하려 할 때 사람들이 저지르는 가장 흔한 실수는 이상적인 시나리오대로 요청하지 못하는 것이다. 대부분 사람들은 직접적으로 거절당하는 상황을 피하려고 자신이 이상적으로 바라는 상황의 수준을 낮추는데 그렇게 할 경우 두 가지 측면에서 전반적으로 설득력이 약해지게 된다.

첫째, 첫 번째 요구에 사람들이 '예스'라고 대답할 수도 있다. 늘 그런 것은 아니지만 선뜻 요청을 들어주는 경우도 분명 있다. 그리고 제안받지 않은 요청 그 이상의 것을 해줄 때도 분명 있다. 둘째, '거절 후 양보' 효과의 맥락에서, 거절 후 '즉시' 제안한 타협적 요구는 받아들여지는 경우가 많다. 그러므로 시작이 작으면 결과도 작을 것이다. 어쩌면 원래 생각했던 결과보다 더 작을지도 모른다.

여기서 '즉시'라는 말에 주목하라. 뻔한 말처럼 들릴지 몰라도 사람들은 이를 자주 잊어버리고는 한다. 첫 번째 요청이나 제안을 거절당하고 나면 보통 거절로 인한 상처를 달래기 위해 잠시 물러났다가 다른 날 대안을 가지고 다시 돌아오는 경우가 많다. 그렇게 하다 보면 설득의 힘은 다 빠지고 만다. 첫 번째 요청을 받고 며칠 뒤에 두 번째 요청을 받은 이들은 그 요청을 첫 번째와 분리해서 생각할 가능성이 크다. 청소년 기관에 몇 년 동안 큰 헌신을 해달라는 요청을 거절한 사람들에게 며칠 뒤에 찾아가 아이들을 데리고 주말에 동물원에 가달라고 요청한다면 성공할 가능성이 낮다. 그런 식으로 접근하는 사람은 상대방에게 성가신 부탁만 하는 사람으로 보일 가능성이 크다.

- 자신에게 물어보라. '내 이상적인 목표는 무엇이며 타협할 준비가 되어 있는 목표는 무엇인가?' 내가 원하는 것이 무엇인지, 타협할 준비가 된 것은 무엇인지를 미리 알고 준비해야 한다.
- 이상적인 목표는 늘 첫 번째 제안이 되어야 한다.
- 거절당할까 봐 두려워 첫 번째 제안을 축소해서 하고 싶은 유혹을 떨쳐야 한다. 'No'라는 단어는 이런 상황에서 친구이다. 담대하게 두 번째 제안을 하라.

08

힘들이지 않고
인정받는 법 ———

자격증의 힘

설득에 앞서 경험과 지식을 입증하면
듣는 이에게 확신을 줄 수 있다.

지식이나 경험을 갖추면 설득의 중요한 도구를 갖춘 셈이다. 그룹 내에서 가장 경험이 많은 사람이 아니라도 자신만의 전문성, 제대로 된 사실, 직접 조사하고 연구한 자료 등을 입증할 수 있다면 얼마든지 논쟁을 지배할 수 있다. 어쩌면 그룹 내에서 가장 훌륭한 자격을 가지고 있거나 가장 많은 정보를 알고 있음에도 불구하고 너무 아는 체 하는 사람처럼 보일까 봐 두려워 말을 하지 않는 경우도 있다. 회의 자리에서 나보다 못한 아이디어를 주장하는 동료 앞에서 내 아이디어를 제시하지 못해 좋은 아이디어를 가지고도 인정받지 못하는 경우도 있다.

영화 〈해리 포터〉에서 호그와트 마법학교를 다니던 헤르미온느 그레인저에게 이런 상황은 낯설지 않을 것이다. 헤르미온느는 정답을 말했다는 이유로 같은 반 친구들의 야유를 받았으며 특히 '어둠의 마법 방어술' 시간에는 스네이프 교수가 "그레인저 양, 참을 수 없는 잘난 척에 자부심이라도 느끼는 건가?" 하며 심술궂게 나무라는 바람에 무안을 당하기도 한다.

만약 여러분이 헤르미온느 같은 위치라면 즉 그 집단에서 가장 지식이 뛰어나고 그 지식을 다른 모든 이들과 나누고 싶은데 다른 사람들이 내 말을 싫어하지 않게 하려면 혹은 잘난 척이라고 느끼지 않게 하려면 어떻게 해야 할까? 여기 이 문제의 정답이 있다.

병원에서 근무하는 간호사들에 따르면 더 건강해지려면 운동을 열심히 해야 한다고 환자들에게 아무리 끈덕지게 설득해도 응하지 않는 경우가 허다하다. 그런데 같은 병원에 근무하는 의사들의 경우는 다르다. 왜 환자들은 의사의 말에는 귀를 기울이는 것일까? '의사'라는 직함 때문일까? 그 답을 찾기 위해 간호사들이 재미난 실험을 했다. 간호사들은 자신들의 학위와 자격증, 각종 상장 등을 간호사실 벽에 걸어두었다. 환자들은 이 간호사들을 그저 잘난 척 하는 사람이라고 생각하고 반응했을까? 전혀 그렇지 않다. 간호사의 지침에 따라 운동을 하는 환자의 수가 무려 30퍼센트나 늘었다.

벽에 자격이 있는 사람임을 입증하는 증거들을 걸어둠으로써 간호사들은 환자에게 자신들이 믿을 만한 진짜 전문가임을 보여준 것이다. 결과는 어땠을까? 간호사의 지침을 따르는 환자의 수가 크게 늘었다. 왜 그런 걸까? 사람들은 전문가들의 행동 방식을 보고 그들을 판단하며 벽에 넌지시 걸린 자격증은 그 사람이 전문가임을 파악하는 데 도움이 된다.

그렇다면 정답은 '넌지시'이다. 간호사들이 자신들이 전문가임을 과시하기 위해 환자들에게 자격증을 뽐내며 보여주었다면, 전문성보다는 자존심을 우선시하는 사람으로 보였을 것이다. 자신들이 자격이 충분한 사람임을 입증하기 위해 자격 요건을 눈에 띄게 하는 이유는 전적으로 환자가 자신들의 조언을 따르도록 하기 위해서다. 회사에서도 마찬가지다. 발언을 하기 전에 전문성을 먼저 드러내면 원하는 방향으로 청중의 반응을 이끌어낼 수 있다. 따라서 이메일 서명란에 나의 자격 조건과 직함을 적어두는 것이 좋다. 명함에 학위나 전문 단체의 회원임을 보여주는 내용을 기재하는 것도 방법이다. 링크드인 프로필을 업데이트하고 최근 진행한 연구 내용이나 관여한 프로젝트 사례를 언급하는 것도 좋다. 이력서에 개인 홈페이지 링크를 소개하거나 업계 소식지에 글을 투고하거나 블로그를 운

영하며 업계 지인들과 소통하는 것도 좋다.

물론 내가 아는 것을 보여줄 때는 약간의 요령도 필요하다. 가령 청중 앞에서 발표를 하거나 동료들이 빼곡하게 앉아 있는 회의실에서 발표를 할 때는 요령이 있어야한다. 발표에 앞서 청중에게 자기 홍보와 자랑이 들어간파일을 읽어보라고 권하는 방법은 그다지 효과가 없을 성싶다. 전문성을 보여줄 수는 있지만 잘난 척으로 보일 수있기 때문이다. 노골적인 자기 홍보가 효과가 없다면 어떻게 해야 청중에게 신뢰를 얻고 전문성을 인정받을 수있을까?

한 가지 방법은 다른 사람에게 자신을 소개하도록 하는 것이다. 이 방식은 수많은 강연자들이나 연설자들이 수년간 널리 실행하고 있는 방법이다. 단 몇 줄의 소개만으로도 강연장의 분위기를 조성할 수 있으며 청중이 중요한메시지를 잘 받아들이게 할 수 있다. 요란한 자기과시가야기할 수 있는 안 좋은 점도 피해야 한다. 호감이 있는 사람이나 고객 앞에서 동료와 함께 프로젝트를 발표할 때 동료에게 자신을 먼저 소개해달라고 양해를 구한다. 물론 동료에게 받은 호의는 되갚는다. 설득하기 위한 이메일을 보낼 때는 이전 고객으로부터 받은 지지 내용을 첨부한다.

부동산의 경우 전화 접수를 받는 직원은 고객이 원하는 분야를 확인하고 그 분야에 전문가가 있음을 알려준다. 가령, "매매를 하려고 하시는군요. 그 분야라면 산드라를 연결해드리겠습니다. 산드라는 우리 부동산 매매 팀에서 최고의 실력자입니다. 매매 중개 경력만 15년이 넘습니다." 이 방법만으로도 약속과 매매 계약 건수가 크게 증가할 것이다.

차를 원하는 방향으로 가게 하기 위해 반드시 운전석에 앉아야 할 필요는 없다. 자신이 특정 전문 분야에 관해 훌륭한 지식을 갖추고 있는 사람임을 알리려면 설득 전에 다른 사람을 통해 내가 적임자임을 알리는 것이 목표를 이룰 수 있는 좋은 전략이다.

- 가능하다면 나를 소개해줄 다른 사람이 있으면 좋다.

- 상황이 여의치 않으면 발표나 회의에 앞서 내 약력이나 이력을 참가자들에게 미리 공지한다.

- 이력서 맨 위에 자격증이나 전문 분야에서 얻은 자격을 언급한다. 이런 내용은 맨 아랫줄에 두지 않는다.

09

사소한 결점은
호감도를 높인다

실수 효과 ━━━━━

내 아이디어의 부족한 점을 전면에 드러내면
진정성과 설득력이 더욱 견고해진다.

일본의 미학 사상인 와비사비에서는 불완전함을 아름답게 본다. 와비사비는 불완전하고, 덧없으며, 미완인 것 속에서 아름다움을 발견하고 감상하는 미학적 세계관이다.

식물을 길러본 적이 있거나, 손수 가구를 만들어본 사람, 하다 못해 쿠키라도 직접 만들어본 사람이라면 불완전함에 아름다움이 깃들어 있다는 말을 이해할 것이다. 모양이 반듯하고 예쁘지 않아도 집에서 직접 기른 당근, 한 쪽으로 조금 비스듬히 기울었지만 직접 만든 의자, 비뚤비뚤하고 엉성한 모양의 초코칩 쿠키 등 사람들은 자신이 직접 만든 것에 과도하게 높은 가치를 부여한다. 또한 그런 것들의 결점까지도 모두 인정하고 있는 그대로 받아들이는 경향이 있다.

하지만 어떤 대상의 부족한 면을 받아들이고 심지어 거기서 아름다움을 발견하고, 더 나아가 나 자신의 불완전함과 약함을 깨닫는 것이 적절하지 않은 상황도 있다. 구직 면접이 그런 경우에 해당한다. 대부분 입사 지원자들은 극도로 초조한 면접 시간에 당연히 자신이 지닌 기술과 전문성을 최대한 완벽에 가깝게 표현해 고용주에게 좋은 인상을 주려 할 것이다. 그 순간 당면한 과제는 자신이 그 회사에서 맡을 역할에 완벽한 적임자임을 보여주며 최고임을 드러내는 것이다. 조금도 불완전한 모습을 드러내지 않는다.

하지만 노련한 고용주는 이를 잘 알고 있다. 그래서 지원자들에게 약점을 물어보는 경우도 많다. 가장 큰 결점이 드러나기를 절대 원하지 않는 지원자는 약점을 묻는 질문을 들으면 자신을 주로 '완벽주의자'라거나 '워커홀릭'이라고 표현하는 것이 일반적이다. 그 순간만큼은 나의 약점들을 드러내야 할 시간이 아니기 때문이다.

하지만 정말 그럴까?

심리학 연구에 의하면 특정 상황이나 자리에서 약점을 솔직히 드러내려는 태도가 오히려 더욱 강력한 힘을 발휘할 수도 있다.

50여 년 전, 한 실험에서는 이 반직관적인 생각이 옳음을 입증했으며 오늘날처럼 복잡하고 불확실한 사회에도 직관에 반하는 생각이 변함없이 힘을 지니고 있음을 보여주고 있다. 실험에서 사람들은 질문에 대답하는 두 사람의 녹음된 음성을 들었다. 한 사람은 열 개의 질문 중 아홉 개의 질문에 정확하게 대답을 했다. 다른 한 사람은 약 절반 정도만 정답을 말했다. 이 녹음된 대답을 들은 실험 참가자들에게 두 사람 중 더 능력이 있어 보이고 호감이 가는 사람이 누구인지 물었다. 당연히 정답률이 높은 사람이 절반만 맞춘 사람보다 더욱 능력이 있어 보인다는 대답이 대부분이었다.

하지만 이 실험에서 재미있는 부분은 따로 있다. 일부 실험 참가자들에게 정답률이 높은 사람이 퀴즈에 답을 하면서 커피를 엎질렀다는 말을 들려주었다. 이 실수담을 들은 실험 참가자들은 정답률이 높은 사람의 능력과 그 사람에 대한 호감도를 훨씬 높게 평가했다. 하지만 정답률이 낮은 사람이 커피를 쏟았다는 이야기를 들은 실험 참가자들은 그 사람에 대한 능력과 호감도를 아주 낮게 평가했다.

이 실험이 우리에게 시사하는 점은 능력이 뛰어난 사람이 저지른 실수는 오히려 호감을 높이는 장치가 된다는 점이다(이 부분에 관해선 12장에서 더 상세히 다룰 것이다).

능력이 뒷받침 될 경우,

작은 실수는 호감도를 높이는 기폭제가 된다.

하지만 같은 실수라도 능력이 떨어지는 사람이 저지르면 그 사람의 능력에 대한 신뢰와 호감도가 떨어졌다. 심리학자들은 이런 현상을 '실수 효과Pratfall Effect'라고 부른다. 완벽에 가까운 사람은 실수를 저지른 이후 호감도가 더욱 상승한다는 내용이다.

그렇다면 약점을 통해 얻는 장점도 있다는 의미다. 완벽한 사람은 없다. 누구나 이 사실을 알고 있다. 그러므로 작은 실수를 포용하는 태도는 영향력과 호감도를 더욱 높이는 기폭제가 될 수 있다. 물론, 이는 드러낸 약점의 종류에 따라 다르다. 커피를 엎지르는 실수는 흔히 저지르는 실수이고 인간적으로 보이도록 해주는 아주 사소한 흠에 불과하다. 하지만 직장 면접을 보면서 면접관 앞에서 커피를 엎지른다든지 더 최악으로 IT 회사 서버에 커피를 쏟는 실수를 저지른다면 인간적으로 보이기는커녕 치명적인 실수가 될 것이다.

누군가에게 좋은 인상이나 영향력을 주고 싶어 하는 이에게 조언을 해주자면 작은 결점을 고백하는 사람이 되라는 것이다. 그렇게 하면 여러분도 다른 모든 사람처럼 사소한 흠이 있는 인간적인 사람으로 보인다. 작은 결점을 드러냄으로써 자연스럽게 인간관계를 시작할 수 있으며 상대는 나의 이야기를 들으며 내 진정성과 솔직함, 신뢰성을 더욱 높게 평가할 수 있다. 또한 상대는 더욱 편한 마음으로 내 말에 귀를 기울일 것이다. 따라서 구직 면접을 볼 때 좋은 접근 방식은 사소하고도 무해한 약점, 얼마든지 개선될 수 있는 단점을 솔직하게 언급하는 것이다. 또한 면접관이 약점에 대해 말해달라는 질문을 기다리기보다는 앞으로 개선의 여지가 많은 부분을 적극적으로 언급하는 것도 좋은 방법이다.

앞에 언급한 와비사비 철학에서도 약점은 가려야 할 흠이 아니라 개성을 돋보이게 하는 특징이 될 수 있으며, 이것이 더욱 인간적인 면모를 드러낸다고 본다. 약점은 손때 묻은 책이나 이 빠진 찻잔 혹은 다른 천을 덧대 기운 옷처럼 은근히 매력적으로 보이게 하는 장치가 될 수 있다.

- 나의 사소한 약점을 인정하려면 먼저 그 약점들을 잘 파악해야 한다. 내 약점 목록을 간략하게 적어보자.

- 결점을 찾기 어렵다면 혹은 자신이 완전무결한 사람이라고 생각한다면 친구나 배우자에게 물어보자.

- 실수나 사소한 나쁜 습관을 인정하기 두려워할 필요는 없지만 그렇다고 안 좋은 비밀까지 속속들이 고해하며 목록을 작성할 필요는 없다.

10

일단 부탁하자.
거절은 의외로 어렵다

벤저민 프랭클린의 설득 ──────

때론 설득보단 단순한 요청이
원하는 것을 얻는 지름길이 되기도 한다.

미국 건국의 아버지 중 한 명인 벤저민 프랭클린은 재능이 많은 사람이었다. 그는 평생 갖은 노력을 기울여 놀라운 기술들을 연마했다. 그는 작가이자 화가, 인쇄공, 우체국장, 발명가, 해학가였다. 여기에 시민운동가, 정치가, 공무원, 외교관 등으로도 활동했다. 설득에도 매우 능한 편이었는데, 그가 뛰어난 설득가가 될 수 있었던 건 도움이 필요할 때면 주저 없이 도움을 요청했기 때문이다.

그는 정치적으로 적대 관계에 있던 사람에게 값비싸고 귀한 책을 빌려달라는 편지를 써서 상대로부터 호감을 샀다는 일화를 자주 언급하곤 했다. 벤저민 프랭클린에게 책을 빌려달라는 부탁의 편지를 받은 후 프랭클린에게 적대적이었던 고집 센 그 정치인은 의회에서 벤자민에게 처음으로 정중하고 상냥하게 말을 걸었다고 한다.

프랭클린은 상황에 따라서 도움을 요청하는 것이 인간관계를 견고하게 만드는 효과적인 방법임을 잘 알고 있었다. 그리고 그것이 궁극적으로 상대를 나의 편으로 설득하는 지혜라는 사실도 잘 알았다.

하지만 우리는 벤저민 프랭클린이 아니지 않은가? 쌀쌀맞은 표정의 동료에게 도움을 요청하기가 너무도 꺼려지는 그저 평범한 사람이라면 어떻게 해야 할까? 혹은 성격 까다로운 이웃이나 가족 누군가에게 도움을 요청하느니 차라리 힘들더라도 혼자 하는 편이 더 낫다고 생각하는 사람이라면? 게다가 '반드시 요청해야만 하는' 상황은 어떤가? 가령, 평소 먼발치에서만 바라보며 좋아하던 귀여운 이성에게 커피 한잔 하자고 말할 용기를 내야 한다면?

대다수 사람들은 누군가에게 부탁하는 일에 상당히 위축되곤 한다. 이 책에서 좋은 소식을 들려줄 수 있다. 만약 여러분이 누군가에게 부탁하는 일이 위험하다고 생각하면 가령, 거절당해서 무안할까 봐 두려운 사람이라면 확실한 방법이 있다. 수많은 과학 연구 자료들이 입증한 강력하면서도 자유롭게 시도할 수 있는 방식이다.

존경받는 심리학자 프랭크 플린Frank Flynn과 바네사 본Vanessa Bohns은 여러 가지 유형의 요청을 관찰하며 다양한 연구를 진행했다. 자선단체에 기부해달라고 간청하기, 모르는 이에게 휴대폰을 빌려달라고 부탁하기, 긴 설문지에 답해달라고 부탁하기 등의 상황을 실험하고 관찰했다. 실험에 앞서 연구 팀은 사람들에게 이런 부탁을 과연 들어줄 것 같은지 물었다.

대부분 사람들이 성공 가능성을 낮게 보았다. 약 절반 정도만 성공할 것이라고 예측했다.

누군가의 부탁에 선뜻 긍정적인 대답을 할 가능성이 낮다고 생각하는 이유는 특정 지점에 초점을 두고 생각하기 때문이다. 즉, 부탁을 하는 사람은 부탁받는 사람이 부탁을 '수락'했을 경우 들여야 할 시간 등의 경제적 비용을 생각하기 마련이다. 이와 반대로 잠재적으로 부탁을 들어줄 이들은 부탁을 '거절'할 경우 발생하는 사회적 비용을 더욱 염두에 두는 경향이 있다. 여기서 단순한 진실을 알 수 있다. 사람들은 예상보다 누군가의 부탁을 수락할 가능성이 훨씬 높다는 것이다. 그렇다면 부탁을 하지 않았을 경우에 생기는 결과는? 사업 기회를 놓치는 것이다. 잠재 고객과는 계약을 맺지 못할 것이다. 인맥을 쌓을 기회도 사라질 것이다.

대다수 사람들은 부탁을 할 때 상대가 부탁을 수락할

가능성이 낮을 뿐 아니라 부탁함으로써 자신의 입지가 약해진다고 생각한다. 하지만, 거듭 말하건대, 그렇지 않다.

우리는 탑승객이다. 수십 킬로미터를 엉뚱한 방향으로 잘못 가고 있는 운전수에게 차를 세우고 제대로 된 길을 가라고 부탁하지 못한 채 가만히 탑승하고 있는 그런 탑승객이다. 어쩌면 그 차의 탑승객들은 모두 도움을 요청하는 것이 약함을 드러내는 것이라고 생각할 수도 있다. 하지만 잠시 약점을 드러내는 것은(졌다는 사실을 인정하는 것은) 실제로는 훨씬 더 강력한 위치를 확보할 수 있는 지름길이다. 길을 잃은 운전사에게 다가가 결정적인 도움을 주고 승객 모두가 무사히 목적지에 도착할 수 있도록 해주는 그런 길이다.

그러므로 부탁을 제한적인 것으로 보기보다는 권한을 부여하는 것으로 보는 편이 훨씬 더 생산적이다. 부탁은 편안하게 해야 한다. 특히 어려운 상황에 처한 사람들 가령, 재정적으로 어려움을 겪는 친척이나 따돌림과 학대를 당한 피해자와 같이, 상대에게 부탁을 하게 되면 어떤 나쁜 낙인이 찍힐까 봐 두려운 이들일수록 편한 마음으로 부탁을 해야 한다.

심지어 교실에서 손을 번쩍 들고, 어쩌면 한심해 보일지도 모르는 질문을 하는 학생은 두 가지 면에서 자신의 능력을 기르는 것이다. 첫째, 그런 학생들은 학습 내용 외에 추가로 정보를 얻을 것이다. 둘째, 아마 다른 학생들도 그 질문에 고마워할지도 모른다. 어쩌면 다른 학생들도 몰랐던 내용이지만 질문하지 못했을 수도 있다. 그랬다면 학급 친구들은 그 질문을 해준 친구에게 고마운 마음을 되돌려주겠다는 일종의 의무감을 갖게 될 수도 있다.

부탁의 어마어마한 힘을 아직도 확신하지 못하겠다면, 토마스 길로비치Thomas Gilovich와 빅토리아 허스티드 메드백Victoria Husted Medvec이 연구해서 학술지 〈성격과 사회심리학 저널Journal of Personality and Social Psychology〉에 발표한 논문을 보면 마음이 바뀔지도 모르겠다. 길로비치와 메드백은 대다수 사람들이 무언가를 했을 경우보다 하지 않았을 때 더 많이 후회한다는 사실을 발견했다. 요컨대, 누군가에게 부탁을 할 때나 부탁을 거절당했을 때 느낄 수 있는 어색함, 부끄러움, 괴로움 등은 예리한 아픔이긴 해도 일시적이라는 의미다. 마치 벌침에 쏘였을 때처럼, 몇 분 정도 얼얼하다가 이내 가라앉는다는 뜻이다.

반대로 부탁을 하지 않아서 생기는 후회는 완전히 다르다. 일시적으로 바늘에 찔린 듯한 통증과는 달리 이 둔탁한 아픔은 훨씬 더 오래 지속된다. '그때 …했더라면' 하는 생각이 망가진 녹음기처럼 오랫동안 맴돌 것이다.

부탁의 수많은 긍정적 측면을 생각하다 보면, 어쩌면 쌀쌀맞은 표정의 동료나 까다로운 이웃에게 선뜻 부탁을 하게 될 수도 있다. 물론, 약간의 용기는 필요하다. 용기는 아주 조금만 있으면 된다. 어쩌면 진토닉 한잔이 필요할 수도 있다. 하지만 충분히 가치가 있는 용기가 될 것이다.

- 일주일 동안 나의 부탁이 수락된 횟수와 기절당한 횟수를 기록해보자. 부탁의 효과를 알게 될 것이다.
- 바늘에 찔린 듯 따끔하지만 짧게 지속될 무안함은 '그때 …했더라면' 하는 기나긴 후회의 아픔에 비하면 지극히 작은 대가임을 잊지 말자.
- 필요한 게 있다면, 부탁하라.

11

118명 중
대화를 거절당한 사람은
한 명도 없었다

하위인간화 법칙 ━━━━━━

성공적인 영향력을 발휘하려면 대화를 잘 하라.

인간은 가장 사회적인 피조물이다. 다른 사람과 유대감을 느낄 때 인간의 행복한 감정은 증가한다. 반대로 홀로 고립되거나 소외되면 우울해한다. 많은 사람들이 함께하는 환경에서 다른 사람과 유대감을 느끼는 것이 좋다는 사실을 전제하다 보니, 고립과 소외가 귀중할 때가 있다는 말이 당혹스러울 수도 있을 것이다.

컨퍼런스나 사교 모임 혹은 술집이나 호텔 로비에서 술 한잔 하는 시간을 생각해보자. 당신은 혼자 있는 시간을 선호하는 편인가? 아니면 다른 사람들과 더욱 활발하게 사교활동을 하는 편인가? 다른 사람과 공감대를 찾으려는 사람이라면 늘 흥미롭고 새로운 사람을 만날 가능성에 촉각을 곤두세우고 있다. 만약 운이 좋다면, 그런 만남이 유용한 계약서 작성까지 이어지기도 하며, 심지어 미래에 친구 관계로까지 이어지기도 한다.

그렇게 해서 친구를 많이 사귀었다면, 축하한다. 대화 기술은 인간관계와 인맥을 쌓는 능력을 향상시키며 이와 연계해 영향력도 향상시킨다. 어쩌면 주류에 속하는 중요한 사람이 될 수도 있다.

문제는 많은 사람들이 교류를 피해 혼자 있고 싶어 한다는 점이다. 이런 부류에 속하는 사람이라면 다른 사람과의 적극적인 인간관계가 주는 명백하고도 큰 장점을 입증하는 연구에 관심이 있을 것이다. 인맥과 잠재적 기회를 늘리고 싶다면 조언은 명확하다. 대화하라.

하지만 전혀 모르는 이와 대화를 나누기란 여간 어려운 일이 아니다. 그렇지 않은가? 심지어 위험 부담도 있다. 게다가 낯선 이와 대화를 나누다 보면 수많은 사회적 규칙들을 거스르는 경우도 생긴다. 여기에는 그럴 만한 이유들이 있다.

심리학 개념 '하위인간화Infrahumanisation'는, 단순한 개념을 설명하는 어려운 용어이다. 다른 사람이 자신보다 덜 인간적이라고 믿는 보편적인 심리를 의미한다. 한편으로는 놀랍고 한편으로는 이기적으로 들릴 수도 있지만, 어떤 관점에서 보면 옳은 말이다. 우리는 분명 자기 자신의 생각, 욕망, 의도, 행동을 다른 사람에 비해 더 좋게 평가하는 경향이 있다. 그래서 잠재적으로 무례할지도 모르는 예측 불가의 낯선 이와 처음 대화를 시작할 기회가 생겨도 보통 그 사람과의 대화보다는 혼자 있는 시간을 선택하는 경우가 많다. 그리고 대체로 그들도 자신과 똑같이 생각할지도 모른다는 사실은 잘 알지 못한다.

물론, 싫은 마음을 꾹 참고 어쩔 수 없이 대화를 시작했는데 상대방도 낯선 이와의 대화를 매우 불편해한다는 사실을 알게 되는 경우도 있다. 설상가상 상대방도 내가 자신처럼 불편해한다고 생각할 수도 있다.

첨단기술도 한몫한다. 요즘은 다른 사람과 관계를 맺을 기회를 마련해주는 수많은 기술 기반의 장치들이 있어서 자칫 삶의 가치나 인간적인 유대감 등 인간관계에서 가장 근본적인 것들을 간과할 위험도 있다.

낯선 사람과의 대면을 꺼리는 이유와 상관없이, 행동과학자들은 모르는 사람과 대화를 할 때 생길 수 있는 긍정적 측면에 관해 흥미로운 증거들을 제시하고 있다.

지하철을 타고 직장에 가는 출근자들을 대상으로 한 실험이 있다. 이 실험에서 중요한 점은 주로 철로의 시작점에 있는 역들을 실험 장소로 선택했다는 점이다. 이 지하철역의 승객들은 상대적으로 빈 좌석이 많은 객차에 타게 될 것이고, 낯선 이의 옆자리를 선택하기보다는 다른 승객과 떨어진 자리를 선택할 가능성이 높다는 의미다. 실험에 참가하기로 한 참가자들은 지하철에 탑승해서 모르는 이와 대화를 나누면서 상대의 관심사를 알아내고 자기 자신에 대해 상대방에게 말해야 한다는 실험 내용에 동의했다. 또 다른 참가자들에게는 출근 지하철에 탑승해서 다른 사람과 일절 교류 없이 혼자인 상태를 즐길 것을 요구했다. 그리고 실험 참가자들 전원은 출근하는 동안 설문지에 답을 작성해서 내릴 때 제출하게 했다.

지하철이나 버스, 공항 대기실 모두 비슷한 실험을 했고 결과 역시 비슷했다. 낯선 이와 대화를 하도록 요구받은 참가자들 다수가 다른 사람과 일절 교류 없이 혼자 출근길을 보낸 사람들에 비해 긍정적인 출근 경험이었다고 대답했다. 대화는 평균 14분 정도 이어졌고 꽤 즐거웠던 것으로 평가되었다. 출근하는 사람들이 낯선 이와 소통하게 된다면 불편한 감정이 들 것이라고 예상했던 것과는 정반대의 결과였다. 또한 다수의 실험 참가자는 같은 지하철을 타고 출근하는 낯선 이와 대화를 시도할 때 거절당할 위험이 매우 크다고 생각했다. 하지만 11장에서 살펴본

'부탁하기' 방법을 활용한 결과 대화를 시도했던 118명의 실험 참가자 중 거절당한 사람은 한 명도 없었다.

출근 시간에 대화를 하느니 이메일을 확인하거나, 보고서를 읽거나 다른 업무를 하는 것이 더 낫다고 생각하는 이도 있을 것이다. 하지만 연구원들은 같은 통근열차에 탄 사람과 대화를 한다고 해서 업무 생산성이 뚜렷하게 감소한다는 증거는 발견하지 못했다.

여기서 얻은 교훈은 출근길 이외의 상황에도 적용할 수 있다. 가령, 컨퍼런스나 회의, 각종 행사나 술집 등 인맥을 쌓는 자리라면 어디에서든 적용되는 방법이다. 흔히 종종 강연이나 행사가 시작되기 직전, 잠시의 공백을 채우려고 할 때가 많다. 하지만 다음에 그런 공백 시간이 찾아온다면, 휴대폰이나 보고서, 전자책, 노트북 등을 내려놓고 옆 사람과 대화를 시작해보라. 인맥을 늘리고, 더 깊은 유대감을 쌓고 이로 인해 설득력을 넓힐 수 있는 즉각적인 방법이다. 막상 말을 걸게 되면 처음 몇 분간은 서로를 알아가고 서로의 관심사를 찾는 데 집중하느라 대화가 거절당하는 경우는 드물다. 그러니 마음 놓고 대화를 시작하자.

• 비행기나 버스를 타거나 강연 등에 참석하게 되면 옆에 앉은 사람이 휴대폰이나 다른 것에 정신이 팔려 있지 않은지 확인하고, 먼저 "안녕하세요" 하고 말을 건네자. 거울 앞에서 시선을 맞추고 온화한 미소를 지으며 나 자신을 소개하는 연습을 해보자.

• 친구들과 저녁을 먹을 때 친구들의 동의를 구해 식탁 중앙에 모두의 휴대폰을 모아두자. 그리고 휴대폰에 가장 먼저 눈길을 주는 사람(페이스북이나 트위터 댓글 알람이 그 자리에 모인 친구들보다 중요하다는 암시를 주는 어떤 행동이라도 하는 사람)이 그날 식사비를 내도록 하는 건 어떨까.

12

인간미가
통계수치를 압도한다

스토리에 반응하는 청중 심리 ━━━━━

설득에서는 이야기가 사실을 이기고,
인간미가 통계수치를 압도한다.

1947년 여름, 인도와 파키스탄이 분리되면서 하룻밤 사이에 친구, 가족, 공동체가 갈라지게 되었다. 발데프에게 이 일은 친구 유수프와 더 이상 연을 날리며 놀지 못한다는 의미였다. 발데프는 파키스탄 북동부의 라호르 지역에서 먼 곳으로 이사를 가야 했다. 친구를 다시 만나게 되리라는 희망은 거의 없었다.

66년 후, 발데프는 인도의 한 카페에서 손녀와 함께 오래된 앨범을 보고 있었다. 앨범에는 그의 어린 시절과 오래전 헤어진 친구의 빛바랜 사진들이 가득했다.

발데프의 손녀는 앨범을 보는 할아버지의 모습을 보고는, 할아버지의 친구 유수프를 찾아보기로 결심했다. 손녀의 인내와 끈기에 온라인이라고 하는 도구가 더해져 빛을 발했고 마침내 유수프의 손자를 찾아내게 되었다. 손녀는 손자와 바로 연락을 해서 두 할아버지를 만나게 할 계획을 세웠다.

문을 두드리는 소리가 들렸고, 발데프가 대답했다. 처

음에는 문밖에 있던 사람이 자신의 친구라는 사실을 알아차리지 못했다. "생일 축하하네, 옛 친구여." 낯익은 목소리를 들은 발데프는 그제야 친구와 60년의 세월이 응축된 뜨거운 포옹을 했다. 국경선은 오래된 친구를 갈라놓았지만 두 사람은 인간애로 다시 만날 수 있었다. 이 감동적인 장면을 보던 손녀와 손자의 눈에도 눈물이 맺혔다.

이 가슴 따뜻한 이야기는 어떻게 보면 인도와 파키스탄의 비극적인 역사를 보여주기도 한다. 하지만 또 다른 면도 생각해볼 수 있다. 두 사람의 이야기는 구글 광고다. 정보를 찾고 연결하는 채널 역할을 하는 검색 엔진을 홍보하는 광고였다. 구글은 통계와 사실을 보여주기보다는 보다 근본적인 진실의 힘을 활용했다. 이는 과학자들과 광고 제작자들이 수십 년 동안 잘 알고 있던 설득의 비결, 즉 대중을 설득할 때는 이야기가 사실을 이기고 인간미가 통계수치를 압도한다는 사실을 보여준 것이다.

인간적인 모습을 보여줌으로써 생기는 설득의 효과는 광고 이외의 영역에서도 자명하게 드러난다. 영리한 정치인들은 선거운동을 할 때 '이야기'를 만든다. 그들은 자신들이 추구하는 개혁 정책을 유권자에게 구구절절 설명하기보다는 아이를 홀로 키우는 어머니가 빈곤으로 힘들어 하는 모습을 보여주는 편이 훨씬 더 쉬운 설득 방법임을 잘 알고 있다. 뛰어난 교사는 무엇보다도 자신이 재미난 이야기꾼이 되어야 하며 교육자의 모습은 그다음이라는 사실을 잘 알고 있다.

정치 연설에서부터 TED 강연에 이르기까지, 설득에 능한 연사들은 정보와 사실만으로는 청중이 거의 반응하지 않는다는 사실을 알고 있다. 청중은 이야기에 반응한다. 인류애가 담긴 메시지나 제안이 그 어떤 객관적인 정보와 자료보다도 훨씬 더 강력한 힘을 발휘하는 경우가 많다. 심지어 청중이 정보와 자료에 대단히 수용적일 것이라고 예상한 상황에서도 마찬가지다.

예를 들어 의사라고 하는 직업을 생각해보자. 그들은 자신이 환자의 조건이나 지위, 사회적 계층에 상관없이 누구에게나 동일한 수준의 의료 처치를 제공해야 한다고 하는 고귀한 목표를 잘 알고 있으며 이 때문에 자신들의 직업에 자부심도 강하다. 하지만 일을 하다 보면 직업정신이란 무뎌지기 쉽다. 의사나 컨설턴트도 마찬가지다. 만약 의사들이 자신의 의료 행위가 실제 사람들과 깊숙이 관련되어 있다는 것을 기억한다면 어떨까?

이 질문에 답을 찾기 위한 특별한 연구가 진행되었다. 엑스레이나 CT 스캔 자료에 환자의 사진을 첨부했을 때와 첨부하지 않았을 때를 비교한 것이다. 의사들은 자료에 사진이 첨부된 환자에게 더 신경을 썼을까? 가령, 환자의 상태를 더 정밀하게 분석하고, 이상 징후를 찾아내기 위해 더 많은 검사를 했을까? 이 모든 질문의 대답은 '그렇다'이다. 그것도 상당히 큰 차이로, 의사들은 사진을 본 환자에게 더욱 신경을 썼다. 인간적인 정보가 더욱 강력한 설득력이 있음을 보여주는 또 다른 증거이다.

그렇다면 어째서 인간적인 메시지가 우리의 태도와 신념, 그 메시지에 대한 생각을 변화시키는 걸까? 왜 우리는 성공한 이야기꾼의 입담에 그토록 쉽게 놀아나는 걸까? 심리학자들에 의하면 논리와 사실을 토대로 한 주장을 들은 사람은 자연스럽게 정보에 비판적이고 회의적이 되기 쉽다고 말한다. 하지만 인간적인 메시지는 정보가 청중에게 전달되는 과정을 급격하게 바꾼다. 이야기가 청중에게 전달되면 청중이 이야기에 등장하는 인물과 유대감을 느끼며 그 결과 그 이야기에 담긴 핵심 메시지에 더

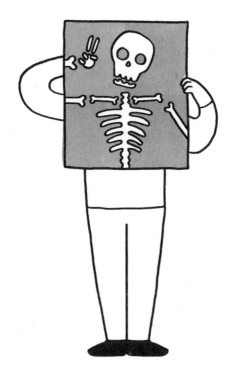

의사들은 사진이 첨부된 환자의 엑스레이 자료를 볼 때

더 정밀하게 분석하고자 노력했다.

욱 수용적인 태도가 된다. 사실 인간애가 담긴 메시지와 호소는 청중을 압도해 부정확하고 잘못된 정보를 탐지하는 능력을 감소시키기까지 한다. 감정적으로 흔들린다는 말은 지적으로 무장해제가 된다는 의미이다.

타인을 설득할 때 알아두어야 할 사실은 명백하다. 누군가에게 영향력을 미치고 상대를 설득하기 위해 객관적 자료나 비용, 장점 등을 무미건조하게 열거하는 방식은 인간의 정서적 기질과 맞지 않는다. 그러므로 설득을 할 때는 냉철하고 딱딱하게 사실만 나열하는 방식을 사용해서는 안 된다. 보다 따뜻하고 부드러운 인간적 이야기 방식으로 전달해야 한다. 내가 제안한 새로운 계획에 상사가 귀를 기울여야 하는 이유는 무엇인가? 그것이 이 세상을 혹은 우리의 삶을 어떻게 변화시킬 것인가? 그 계획이 완수되었을 때 사람들은 어떤 기분이겠는가?

누군가의 마음을, 직장 동료들을, 가족이나 전 세계를 설득하는 길은 언제나 인간적인 것에 있다.

- 목표가 뚜렷하다면 그 목표에 생명력을 불어넣고 다른 사람도 같은 꿈을 꾸게 만들 수 있는 이야기를 찾아보라.

- 좋은 이야기를 만드는 법에 대해 생각해보라. 청중이 감정이입을 할 수 있는 인물을 찾고, 그 인물의 동기와 바람을 청중에게 보여주라.

- 가능하다면, 메시지를 전달하기 위해 도표와 표를 사용하기보다는 사람들의 사진을 활용해보라.

13

우리는 비슷한 이름에
더 큰 호감을 느낀다

공통점의 법칙 ━━━━━

누군가의 동의를 구하려면 우선 그 사람의 관심사를 찾아라.

'반대인 사람에게 끌린다', '비슷한 사람에게 끌린다' 둘 다 무척 익숙한 표현들이다. 아마 많은 사람들이 저 두 가지 상황 중 하나에 딱 들어맞는 경험을 했을 것이다. 파티에서 만난 한 커플이 서로가 너무 달라보여서 기억에 강하게 남은 경우도 있을 것이다. 그런 커플을 보면 원래 반대되는 성향에 끌리기 마련이라고 쉽게 말할 것이다. 어쩌면 같은 파티 자리에서 또 다른 커플을 만났을 수도 있다. 그 커플은 한 사람이 말을 시작하면 다른 한 사람이 그 말을 맺을 정도로 호흡이 척척 맞고, 서로의 독특한 버릇까지도 거울처럼 똑같이 닮았다. 그런 커플을 볼 때면 두 사람은 단순한 커플이 아니라 함께해야만 하는 운명이라는 생각이 들 때도 있다. 그런 사람들에게는 비슷한 사람끼리 끌린다는 말이 적절하다.

이런 상황들은 그다지 새삼스러울 것도 놀라울 것도 없다. 어떤 경우에는 '비슷한 사람끼리 끌린다는' 말이 떠오르고 어떤 상황에서는 '반대되는 사람에게 끌린다'는 말이 떠오른다. 하지만 이 둘은 전혀 다르다. 하나는 서로 비슷한 성향의 사람들이 그 유사성 때문에 서로에게 더욱 긍정적인 감정을 갖게 된다는 의미고, 또 다른 하나는 서로 반대인 사람들이 전혀 다른 면에 더욱 끌린다는 의미다. 그렇다면 어떤 것이 맞는 걸까? 비슷한 사람에게 끌리는 걸까? 아니면 반대인 사람에게 끌리는 걸까?

이 질문에 답을 찾기 위해 1993년 여름으로 돌아가 일리노이 주 미시시피 강둑에 자리한 퀸시 마을로 가보도록 하자. 퀸시는 작은 마을이다. 마을 주민은 약 4만 명 정도밖에 되지 않는다. 이 마을은 '젬 시티(보석 도시)'라는 애칭으로 잘 알려져 있다. 마을에 다이아몬드 광산이나 루비 광산이 숨겨져 있기 때문이 아니다. 보석은 전혀 없다. 그렇다고 초기 정착민들에게 번영을 안겨주었던 비옥한 토지가 있는 것도 아니다.

1993년, 여름 큰 홍수가 닥쳤고 미시시피 강이 범람할 위기에 처했다. 이미 홍수 때문에 몇몇 마을과 도시들은 황폐화 되다시피 했고 퀸시도 그중 하나였다. 물이 점점 불어나자 마을 주민들 수백 명은 수위가 높아질 것에 대비해 밤낮으로 수천 개의 모래주머니를 쌓았다. 상황은 비관적이었다. 전기 공급도 충분하지 않았고 남은 식량도 점점 줄어들고 있었다. 극도의 피로감과 패배주의가 홍수로 불어난 물 수위보다 더 빠르게 확산되었다. 그런 암울한 상황에서 들려온 한 가지 소식은, 비록 몇 분의 위안이지만 그 상황을 다소나마 밝게 만들어주었다. 퀸시에서 1,600킬로미터 떨어진 매사추세츠 주의 어느 도시 주민 연합에서 큰 기부를 하기로 했다는 소식이 마을 주민들의 사기를 한껏 올려주었다.

도대체 왜 1,600킬로미터나 떨어진 도시에서, 이 낯설고 작은 마을에 그토록 큰 관대함을 베푼 걸까? 그리고 왜 여러 마을 중에 유독 퀸시를 골라 도운 걸까? 당시 이 홍수로 다른 도시며 마을들도 큰 피해를 받았던 상황이었다. 그렇다면 왜 다른 도시와 마을은 매사추세츠 주의 도움을 받지 못했던 걸까? 그 답은 무척 흥미롭다. 도시의 이름이 같았기 때문이다. 매사추세츠 주의 그 도시 이름 역시 퀸시였던 것이다. 언뜻 보면 아무 상관없어 보이는 유사성이지만, 매사추세츠 주 퀸시에 사는 주민들에게는 그 공통점 하나만으로도 일리노이 주의 동명의 마을 주민들을 도울 유대감을 갖기에 충분했다.

두 마을은 겉으로 보기에는 별 상관없어 보이는 공통점만 하나 있을 뿐 사실상 아무 공통점이 없는 마을이었다. 이는 인간관계의 근본적 특징이며 설득의 특징이 되기도 한다. 사람은 자신과 공통점을 가진 사람에게 더욱 유대감을 느끼기 마련이다. 물론, 정반대인 사람에게도 끌린다. 하지만 비슷한 사람에게 끌리는 경우가 훨씬 더 많다. 탐탁지 않다고 생각하는 사람 심지어 비난해 마땅하다고 생각하는 사람이라 할지라도 공통점을 찾게 되면 끌리는 경우가 더러 있다. '러시아의 미친 수도승'으로 불리는 그리고리 라스푸틴Grigori Rasputin은 자신의 종교적 위치를 이용해 다른 사람을 이용했던 점 때문에 주로 악당으로 인식되어 있다. 사람들에게 그리고리 라스푸틴에 관한 글을 읽게 한 후 이 비도덕적인 인물에 대한 호감도가 얼마나 되는지를 조사한 적이 있다. 그런데 한 그룹에서는 이 인물에 대한 호감도가 다른 그룹에 비해 훨씬 높았다. 왜 그럴까? 연구자들이 실험을 시작할 때 참가자들에게 참가자들의 생일이 라스푸틴과 같다고 말해주었다. 실험에서 참가자들은 아무리 악한 사람이라 할지라도 아주 사소한 공통점이 있으면 그 사람을 조금이나마 덜 악하게 보았다. 이는 공통점이 지닌 힘이며 그 영향력은 다른 사람에 대한 호감에 영향을 미친다.

그렇다면 여기에 함축된 의미는 무엇인가? 수십 년간의 연구를 통해 우리가 알고 있는 사실 하나는, 사람들은 좋아하는 사람에게 '예스'라는 답을 할 가능성이 더욱 크다는 점이다. 그리고 누군가를 좋아하는 정도는 그 사람과의 공통점이 얼마나 있느냐와 큰 관련이 있다. 그렇다면 누군가를 설득할 때 그 사람과의 공통점을 더 잘 입증할수록 설득에 성공할 가능성이 더 크다고 할 수 있다.

심리학자들이 서로 전혀 모르는 집단의 사람들을 대상으로 설문조사를 실시했는데, 설문조사지를 수령한 사람들 중 어떤 이들은 조사지를 발신한 사람과 이름이 비슷했고, 일부는 비슷하지 않았다. 예를 들어, 로버트 그리어라는 이름의 사람은 밥 그리거라는 사람이 보낸 설문조사지를 받았고, 신시아 존스턴이라는 이름의 여성은 신디 조나슨이라는 사람에게 설문조사지를 받았다. 나머지는 발신자와 수령인의 이름에 어떠한 연관성도 없었다. 조사 결과, 이름이 비슷한 발신인이 보낸 조사지를 받은 이들이 그렇지 않은 이들에 비해 설문조사지를 작성해 회신한 비율이 거의 두 배에 달했다. 실험 후 참가자들에게 물어본 결과, 설문조사지 발신인의 이름과 자신의 이름이 비슷해서 조사지를 작성했다고 대답한 사람은 한 명도 없었다. 이는 누군가를 좋아할지 말지를 결정할 때 비슷한 발음의 이름은 영향력을 미치기도 하지만 그것을 감지하기는 쉽지 않다는 것을 의미한다. 그리고 비슷한 이름은 도움이 된다는 사실을 의미하기도 한다.

공통점을 느끼게 해주는 것이 이름만은 아니다. 공통의 관심사, 비슷한 가치관, 같은 취미, 비슷한 입맛 등도 진정성이 있다면 두 사람 사이를 원만하게 해주고 서로에 대한 호감을 높이는 잠재적 공통점이 될 수 있다. 이는 면접시험을 볼 때나, 이성교제를 목적으로 하는 웹사이트, 각종 모임 등에서도 활용할 수 있다. 상대에 대한 호감이 높아지면 유대감이 높아지고, 유대감이 높아지면 서로에게 더 큰 영향력을 미치게 된다.

여기서 우리가 얻는 교훈은 명확하다. 정말 효과적으로 설득을 하는 사람은 상대에게 어떤 요구를 하기 전에, 그 사람과의 공통점을 찾아 이를 화제로 언급함으로써 설득의 성공 확률을 높인다. 상대의 배경이나 관심사에 대한 적절한 질문 혹은 새로 만나게 될 사람과 나와의 공통점을 인터넷으로 가볍게 찾아보기만 해도 설득의 기술은 훨씬 더 좋아질 것이다.

반대인 사람에게 끌리는가? 물론 가끔 그럴 때도 있다. 하지만 비슷한 점이 '예스'로 곧장 가는 길인 경우가 훨씬 많다.

- 누군가의 동의를 이끌어내는 첫 번째 단계는 그 사람에게 호감을 사는 것이다. 그러기 위해서는 그 사람과의 공통점을 보여주면 가능성이 높아진다.
- 설득 전에 공통의 배경이나 관심사, 경험 등과 같은 공통분모를 찾는 준비를 하라.
- 설득이나 부탁을 하기 전에 먼저 상대방과 나와의 공통점을 부각시키도록 한다.

14

모든 관계는
칭찬에서 시작된다

칭찬과 호감의 상관 관계 ────────

누군가 내게 호감을 갖는 것으로는 충분치 않다.
나도 상대에게 호감을 가지고 있다는 사실을 보여줄 진정한 방법을 찾아
야 한다. 그리고 상대도 그 사실을 느끼게 해주어야 한다.

한 친구가 저녁 시간 내내 좋아하지 않는 직장 동료에 대해 불평을 늘어놓은 적이 있다. 밉상, 고집불통, 비협조적 등과 같은 단어들이 주로 그 동료를 묘사하는 말들이었다. 밤이 깊어지고 레드 와인을 몇 잔 마시자 험담은 점점 거칠어졌다. 사람들 앞에서 해서는 안 될 말들이었다. 그 무리에 있던 누군가가 무심코 그 동료에게도 뭔가 좋은 점이 있을 것이라고 말했고, 이 말은 또 다른 혐오의 말들을 불러 일으켰다. 그 자리에서 집단적으로 내린 결론은, 그 여성이 보낼 크리스마스카드 목록에 그 동료가 오르지 않는다는 것이었다.

아마 여러분도 이런 경험이 있을 것이다. 필연적이지는 않지만 살다 보면 뭔가 잘 맞지 않는 사람과 함께 일을 하는 바람에 불편한 상황을 맞닥뜨려야 하는 경우가 더러 있다. 남의 일에 관심 많고 호들갑스러운 친척이건 까다로운 직장 동료건 그들에 대한 조롱과 폄하의 말을 다른 사람에게 해서 얼마나 큰 만족감을 얻는지는 중요하지 않

다. 남는 것은 단순한 사실 한 가지다. 내일이 오면 여전히
피할 수 없는 길에서 그들을 마주쳐야 하며 여전히 그 길
을 헤쳐나가는 데 어려움을 겪을 것이다. 거기에 불쾌한
숙취는 덤이다!

이런 상황에서는 어떻게 해야 할까?

흔히들 싫은 사람을 피하거나 그냥 무시하라고들 말
한다. 하지만 막상 그렇게 하기란 말처럼 쉽지 않다. 특히
문제의 그 사람이 늘 마주쳐야 하는 직장 동료이거나 늘
함께해야 하는 고객이라면 더욱 그렇다. 다행스럽게도,
설득 연구자들은 이 문제에 도움이 될 수 있는 유용한 전
략을 제시하고 있다. 언뜻 보면 이 전략은 싫어하는 사람
을 단순히 피하는 것보다 훨씬 더 어려울 수도 있다. 또한
반직관적으로 보일 수도 있으며 경우에 따라서는 용기가
필요할 수도 있다. 이 전략을 쓰려면 그토록 싫어했던 바
로 그 사람에게서 뭔가 좋아할 만한 점을 찾아서 그 사람
에게 말해주어야 하기 때문이다.

이 접근방식이 효과적이지만 실행하기가 어려운 이유
는 대부분 사람들이 부정적인 감정을 느끼는 사람에게서
뭔가 칭찬할 만한 점을 찾는 일을 어려워하기 때문이다.

보통 내 생각을 뒷받침해줄 만한 이유를 찾기는 쉽지만 그 반대되는 것들을 찾기는 어렵다. 하지만 이 전략은 시도해볼 만한 가치가 있으며, 효율적으로 실행하려면 거쳐야 할 두 가지 단계가 있다.

첫째, 그 사람에 대해 어떻게 생각하든 누구에게 무슨 말을 들었든 누구에게나(그렇다. 그들에게조차!) 단점을 상쇄할 만한 점이 최소한 한 가지는 있다는 사실을 명심해야 한다. 상상하기 어렵겠지만, 다른 곳에서 다른 누군가는 그 사람을 좋아하고, 존경하고, 사랑할지도 모른다. 둘째, 미워하는 사람의 단점을 상쇄할 점을 발견했다면 그 점을 언급할 방법을 찾아야 한다. 여기서 중요한 점은 단점을 상쇄할 점이 그 사람에게 호감을 느낄 만한 점일 필요는 없다는 사실이다(일부의 경우에는 호감을 느낄 만한 점을 찾는 것이 좋을 수도 있다). 그 사람의 업무 방식, 이전에 성공했던 프로젝트, 심지어 업무 외 개인적인 생활에서 존경스러운 부분도 모두 단점을 상쇄하는 점이 될 수 있다. 무례하고 잘난 척하고 꼴 보기 싫은 멍청이처럼 구는 사람이 사무실에서 일을 할 때는 인정 많고 헌신적인 면이 있다는 사실에 혹은 그 사람이 틈틈이 뛰어난 요리 실력을 발휘한다거나 아들과 헌신적으로 놀아주는 좋은 부모라는 사실에 의외의 놀라움을 느낄 수도 있다.

내가 싫어하는 사람에게서 뭔가 호감을 가질 만한 점을 찾아서 그 사람에게 이야기해주는 전략이 '영원히 절친한 친구 사이'로 만들어주는 굳건한 길이라고 믿는 것은 어리석은 기대이다. 하지만 성공적인 설득 전략으로 가는 길목에서 긴장을 줄이는 데는 분명 도움이 된다. 왜 그럴까? 다른 사람에게서 좋은 점을 찾아보다가 어쩌면 중요한 점을 발견하게 될 수도 있기 때문이다. 최소한 어떤 맥락에서만큼은 정말 호감을 가질 만한 사람이라는 사실을 깨닫게 될 수도 있다. '13장 우리는 비슷한 이름에 더 큰 호감을 느낀다'에서 살펴보았듯 사람들은 흔히 호감을 가지는 사람에게 'yes'라고 대답할 확률이 더 높다. 마찬가지로 나의 좋은 점을 이야기해주는 누군가에게 'yes'라고 대답할 확률도 더 높다.

한 연구에서는 누군가 나에 관해 칭찬을 한 직후 부탁을 하면 그 부탁에 더욱 호의적으로 반응하게 된다는 사실을 보여주는 실험을 진행했다. 부탁을 하는 사람이 평소 내가 얼마나 호감을 가지고 있던 사람인지와는 상관없이 그 사람의 부탁을 들어줄 확률이 높아졌다. 부탁을 하는 사람은 그 대상에게서 좋은 점을 찾아 칭찬이라고 하는 수단으로 그것을 보여줌으로써 설득의 성공률을 높일 수 있었다.

연구 사례는 이 뿐만이 아니다. 다른 사람에게 호감을 표현하고 그 사람의 장점을 칭찬하는 방법이 얼마나 효과적인지를 보여주는 연구는 무수히 많다. 손님이 메뉴를 고를 때 그 선택을 칭찬해주는 웨이터가 팁을 더 많이 받았다. 고객에게 새로운 헤어스타일이 매우 잘 어울린다고 칭찬해준 미용사가 훨씬 더 많은 팁을 받았다. 아첨 뒤에 뭔가 속셈이 있다는 사실을 알더라도 사람들은 보편적으로 그런 칭찬을 좋아한다.

물론 솔직하지 못한 아첨이나 비굴한 거짓말을 옹호하는 것은 절대 아니다. 진정성 있게 상대의 매력을 칭찬하고 그 사람의 마음을 무장해제 시키는 전략은 긍정적인 효과를 내기도 한다. 장점을 찾기 어려운 사람에게서 좋아할 만한 점을 찾는 데 집중하다 보면 그 사람이 조금 더 좋아질 수도 있다. 타인에 대한 감정은 행동을 통해 생기기도 한다. 누군가에 대해 좋아할 만한 점을 생각하다 보면 생각의 틀도 긍정적으로 바뀌고, 평소 껄끄럽던 사람이라도 칭찬을 반복하면 그 사람에 대한 생각이 긍정적으로 바뀌는 데 영향을 미친다.

매력을 보편적인 수단이 아닌 무뚝뚝한 설득의 도구로 사용한다면 충고는 달라진다. 누군가에게서 진정으로 좋아할 만한 점을 찾고 대화를 하면서 그 점들을 자연스럽게 표현할 방법을 찾아보라. 물론 이 책을 읽는 독자들은 이미 이 사실을 잘 알고 있을 것이다. 여러분은 식견이 뛰어나고, 지적이며, 매력적인 사람일 테니.

- 누군가에게 어떤 부탁을 하기 전에 그 사람의 좋은 점을 생각해보자. 그리고 대화 중에 그 점을 언급하며 칭찬해보자.
- 늘 부탁할 때만 칭찬해야 하는 것은 아니다. 평소에도 긍정적 인간관계를 유지하고 늘 칭찬하는 습관을 만들어보자. 그렇게 하면 다른 사람들도 여러분을 긍정적으로 보게 되며 여러분의 부탁에 '예스'라고 말할 가능성도 더욱 커진다.

15

하기 싫은 일을
하게 만드는 법

라벨링 전략 ━━━━━━━━

사람에게 이름과 라벨은 매우 중요하다.
이를 지혜롭게 활용하라.

오래 전(좀 더 구체적으로 말하자면 약 35년 전), 우주 은하계 먼 곳에서 루크 스카이워커는 궁극의 칭찬 기술을 터득했다. 그는 다스 베이더에게 악의 제왕에게 등을 돌리라고 설득했다. 그 결과 루크는 목숨을 잃을 뻔했던 결투에서 목숨을 구하고 희망을 되찾아 은하계의 평화를 지켰다. 루크 스카이워커가 이 놀라운 결과를 이끌어낼 수 있었던 것은 설득의 과학자들이 오랫동안 연구해온 단순하지만 막강한 전략을 사용했기 때문이다.

스카이워커가 사용한 전략은 심리학 용어로 '라벨링 전략'이라고 알려진 기술이다. 이 기술은 어떤 요구를 하기 전에 그 사람과 어울리는 특징, 태도, 신념 등과 연관된 라벨을 붙인 다음 그 라벨에 어울리는 행동을 요구하는 전략이다. 스타워즈 시리즈 중 〈제다이의 귀환〉에서 스카이워커는 다스 베이더에게 이렇게 말한다. "당신에게 아직 선한 본성이 남아 있다는 걸 알아. 당신에겐 선함이 있어. 그게 느껴져." 언뜻 들으면 이렇게 단순한 말이 다스

라벨링 전략이란 어떤 요구를 하기 전에

그 사람과 어울리는 특징, 태도, 신념과 연관된 라벨을 붙인 다음

그 라벨에 어울리는 행동을 끌어내는 전략이다 .

베이더의 완강한 마음에 변화의 씨앗이 될까 싶지만 심리학자들의 연구에 의하면 그럴 가능성이 꽤 크다. 누군가에게 라벨을 부여하면 그 사람의 행동에 강력한 영향을 미칠 수 있다.

예를 들어, 선거를 생각해보자. 민주주의 사회에서 투표는 시민의 대단히 중요한 권리라는 사실에 이의를 제기할 사람은 없을 것이다. 모든 이의 목소리를 평등하게 받아들여지도록 하는 권리를 지키기 위해 수백 년 동안 수백만 명의 사람들이 싸우고 죽어갔다. 하지만 그럼에도 불구하고 여전히 수백만 명의 사람들은 선거일에 투표를 하지 않는다. 미국의 한 연구 팀은 선거일에 투표를 할 것이라고 확언한 사람들에게 바람직한 시민이라는 라벨을 붙여준 후 그것이 실제 투표에 영향을 미쳤는지 여부를 확인하는 흥미로운 실험을 진행했다. 연구 팀은 많은 유권자들을 대상으로 인터뷰를 진행했고 2008년 버락 오바마와 존 맥케인이 맞붙은 대선에서 투표를 할지 물어보았다. 그리고 그들 중 절반에게 인터뷰 내용을 토대로 조사한 결과 '투표할 가능성이 높은 훌륭한 시민'으로 분류될 수 있다고 말했다. 나머지 절반에게는 신념과 행동 등으로 판단해보았을 때 '평균 정도'인 시민이라고 말해주었다.

일주일 후 진행된 선거에서 각 그룹의 투표율을 조사해보니 '훌륭한 시민'이라는 라벨을 붙인 사람들은 '평균적인' 시민들이라고 라벨 붙은 사람들에 비해 자신들을 '훌륭한' 사람이라고 여기는 경우가 많았으며 투표 참여율도 15퍼센트나 높았다.

라벨링 전략이 정치 영역이나 악의 제왕을 물리치려는 루크 스카이워커의 경우에만 해당되는 것은 아니다. 설득에서도 이 기술은 다양하게 활용될 수 있다. 가령, 다른 동료들과 함께 프로젝트를 진행하고 있는데 한 동료가 잘 따라오지 못해서 일이 지연되고 있다고 해보자. 악전고투하며 힘들어하는 그 동료에게 프로젝트 진척에 전혀 도움이 되지 않는 동료라는 '잘못된' 라벨을 붙였다고 생각해보자. '저 사람은 늘 마감 시한을 넘기는군.'이라든지 '저 사람은 도대체 믿을 수가 없어. 저 사람이 하겠다고 해도 절대 믿으면 안 돼.' 하는 식으로 잘못된 라벨을 붙이면 결과적으로 팀의 업무 수행력에 대한 팀원들의 자신감도 급속도로 저하된다.

만약 그 사람이 주어진 업무를 잘 해낼 역량이 있는

사람이라고 생각된다면 그 동료에게 지금 얼마나 열심히 하고 있는지 얼마나 잘하고 있는지를 상기시켜주는 것이 좋은 접근 방식이다. 또한 이전에 그 사람이 비슷한 프로젝트를 잘 해낸 경험이나 성공적인 결과를 냈던 경험을 언급하는 것도 좋은 전략이다. 그렇게 한 다음에는 그 사람에게 긍정적이고 도움이 되는 라벨을 부여하는 것이 중요하다. "우리는 지금 상황을 극복하고 마감 전까지 프로젝트를 잘 해낼 수 있어. 이렇게 일을 잘 해내니까 말이야. 늘 당신을 믿고 의지할 만한 사람이라고 생각했어." 이런 식으로 말이다.

아니면 친구에게 백패킹을 가자든지 주말에 진흙탕에서 즐기는 음악 축제에 가자고 설득할 때도 이 방법을 적용할 수 있다. 만약, 친구를 설득하고 싶다면 위험을 감수해야 할지도 모르는 요청을 하기 전에, 그 친구가 얼마나 모험심이 강한 친구인지 얼마나 열린 마음의 소유자인지를 언급하는 것이 도움이 된다. 때론 바람직한 점들로 라벨링을 하지 않아도 될 때가 있다. 그저 그들 자신이 실제로 그런 점을 가지고 있다는 사실을 확인하게 함으로써 '스스로 라벨을 부여하게' 도와주는 것만으로도 충분할 때가 있다. 연구팀이 실험 참가자들에게 "스스로 새로운 것을 마다하지 않는 모험심 강한 사람이라고 생각하시나요?" 하고 묻고 나서 새로운 음료를 권했을 때 76퍼센트가 선뜻 음료를 먹은 사례가 있다. 스스로 라벨을 부여하도록 하는 질문을 하지 않았을 때는 33퍼센트만이 음료를 마셨다는 사실을 고려하면 상당히 높은 비율이다.

또 다른 연구에서는 참가자들에게 "자신이 얼마나 다른 사람을 잘 도와주는 사람이라고 생각하십니까?" 하는 질문을 한 뒤 다른 사람을 돕는 과제를 하도록 했는데 이 질문을 하지 않았을 때는 다른 사람을 도운 사람이 29퍼센트였지만 질문에 대답을 한 후에는 77퍼센트로 증가했다. 때론 상대에게 무언가를 요청할 때, 상대가 그 요구와 일치하는 행동을 과거 어느 시점에 했다는 사실을 떠오르게 하는 질문을 하는 것만으로도 충분한 동기부여가 될 수 있다. 이렇게 바람직한 행동을 유도하는 전략은 어른이건 아이건 다 통한다. 우리가 진행한 실험에서는 교사가 몇몇 학생들에게 글씨를 잘 쓴다고 칭찬하자 그 학생들이 쉬는 시간에도 글씨 쓰기 연습을 하는 광경을 볼 수 있었다. 심지어 칭찬을 들은 학생들은 보는 사람이 없는 상황에서도 글씨 쓰기 연습을 했다.

　물론 이 전략은 '어둠의 세력' 설득에도 통한다. 이 책에서 언급한 전략이 선한 곳이 아닌 악한 곳에서 사용될 수도 있다. 우리는 이 전략이 도덕적으로 사용될 때만 지지한다. 그러므로 누군가에게 라벨링 전략을 사용할 때는 설득하고자 하는 대상의 능력과 경험, 성격 등을 솔직하게 반영해서 특징이나 태도, 신념, 행동 등의 라벨링을 해야 한다. 또한 진심으로 칭찬해주고 싶은 말을 해야 한다. 우리는 여러분이 그렇게 저급하게 굴거나 악한 목적을 추구하는 데 라벨링 전략을 이용하지 않으리라 확신한다.

　우리도 여러분 내면의 선한 본성을 느낄 수 있기 때문이다.

- 진심으로 그 사람의 장점을 라벨링하는 습관을 들여야 하며, 라벨링의 내용은 내가 요구하고자 하는 바와 맥락이 통해야 한다.

- 이 전략을 사용할 때는 조심해야 한다. 외출할 때 늘 꾸물거리는 친구의 습관을 비꼰다면 다음에 함께 외출할 때 그 친구는 더 꾸물거릴 것이다.

- 누군가에게 긍정적인 라벨링 전략을 사용했던 때를 떠올려보라. 가령 열심히 일을 했다든지 하는 점을 칭찬했을 때 그 전략이 야기한 좋은 효과를 기억하라.

16

'분명한 이유'가
마음을 움직인다

'왜냐하면' 전략 ━━━━━

요구에는 늘 이유가 있어야 한다.

아이들에게 TV 좀 그만 보고 숙제하라고 설득하기란 쉽지 않다. 배우자에게 설거지를 하라고 설득하는 일도, 같은 집에 사는 이에게 재활용 쓰레기를 분리해달라고 부탁하는 일도, 비행기를 놓칠 것 같은 절박한 순간에 낯선 이에게 줄을 양보해달라고 부탁하는 일도 절대 쉽지 않다.

이런 상황에서는 요구를 들어주어야만 하는 합당한 이유를 제시하는 것이 매우 중요하다. 이런 사실을 알게 되면 어려운 요구를 할 때도 당혹스럽지 않을 것이다. 하지만 이 전략을 성공시키기 위해 반드시 알아야 하는 것이 있다. 그 정체를 알게 되면 어쩌면 당혹스러울 수도 있을 것이다. 사람들에게 선뜻 "그렇게 하세요.", "네" 같은 대답을 이끌어낼 기회를 극적으로 높여줄 놀라운 한마디가 있다. 바로 '왜냐하면'이다.

'왜냐하면'이 지닌 설득의 힘은 1970년대 하버드 대학교의 훌륭한 심리학자 엘렌 랭거Ellen Langer가 진행한 심리학 연구에서 처음 확인되었다. 랭거의 연구 팀은 줄을

서 있는 사람들 사이에 낯선 사람을 투입하고 그 사람이 줄을 양보해달라고 부탁하는 상황을 설정했다. 랭거가 연구를 위해 선택한 장소는 어디였을까? 복사기가 있는 바쁜 사무실이었다.

첫 실험에서 랭거는 복사기에 줄을 서 있는 사람들 사이에 완전히 낯선 사람을 접근하게 한 뒤 이렇게 부탁하게 했다. "실례합니다만, 다섯 장만 복사하려고 하는데요, 제가 복사기를 먼저 사용해도 될까요?" 이 직설적인 부탁을 들은 열 명 중 여섯 명이 자리를 양보했다. 60퍼센트나 양보를 해주었다는 사실에 놀랐다면, '10장 일단 부탁하자. 거절은 의외로 어렵다'에서 배운 교훈을 떠올려보라. '부탁하기'는 흔히들 예상하는 것보다 긍정적인 대답을 더 많이 들을 수 있는 방법이다. 랭거도 이 사실을 잘 알고 있었다. 하지만 랭거는 다른 사실도 알고 있었다. 만약 그 낯선 사람이 부탁을 하면서 이유를 붙인다면 어떻게 될까? 가령 "실례합니다만, 제가 다섯 장만 복사하면 되는데요, 먼저 복사기를 사용해도 될까요? 왜냐하면 제가 지금 굉장히 급한 상황이라서요." 이렇게 말했을 때는 94퍼센트의 사람들이 양보를 했다. 이 실험을 토대로 보면 부탁을 할 때 이유를 설명하면 '예스'라는 답을 들을 확률이 뚜렷하게 높아지는 듯하다.

하지만 여기서 끝이 아니다. '왜냐하면'의 힘은 더 막강하다. 그리고 여기서부터 이 실험이 정말 흥미진진해진다.

랭거의 연구 팀은 이유를 덧붙였을 때의 효과만 실험한 것이 아니었다. 랭거는 이상한 이유를 붙였을 때도 실험을 해보았다. 그리고 매우 이상한 사실을 발견했다. 사람들은 아무런 의미 없는 이유를 대도 낯선 이에게 선선히 양보를 했던 것이다.

어떤 경우에는 이런 식으로 양보를 부탁했다. "실례합니다. 제가 다섯 장만 복사하면 되는데요, 복사기를 먼저 사용해도 될까요? 왜냐하면 제가 복사를 해야 하거든요." 언뜻 들으면 사람들이 이렇게 반응했을 것이라 생각된다. '참내! 당연한 소리를 하네. 그럼 복사기에서 복사를 하지, 뭘 한다고!' 하지만 사람들의 반응은 그렇지 않았다. 무려 93퍼센트의 사람들이 아무 토도 달지 않고 "그럼 먼저 하세요."라고 말하며 양보해주었다. 그 어떤 실질적인 이유나 도움이 되는 정보를 제공하지 않았음에도 불구하고 말이다.

누군가에게 부탁을 하면서 이유를 대는 것은 매우 중요하다. 그리고 그 이유가 대단치 않은, 단순히 '이유'이기만 해도 괜찮다는 점은 더더욱 중요하다. 이러한 상황에서 당신에게 이유가 있음을 알려주는 최고의 한마디는 바로 '왜냐하면'이다.

'왜냐하면'이라는 단어가 설득력을 갖는 이유가 있다. 왜냐하면, 보통 이 말 뒤에는 좋은 이유가 뒤따르기 때문이다.

• 간부 훈련에 참석해도 될까요? 왜냐하면 그 훈련은 승진할 수 있는 좋은 기회니까요.
• 과일과 채소를 먹어. 왜냐하면 그런 것들은 건강에 좋으니까.

광고도 '왜냐하면'이 지닌 설득의 힘을 잘 알고 있다.

• 당신은 소중하니까요(로레알).
• 최고의 날들은 아침 식사와 함께 시작하니까요(켈로그).

하지만 '왜냐하면'의 힘에도 한계가 있다는 점을 명심

해야 한다. 랭거는 또 다른 실험에서 좀 더 큰 부탁을 해보 았다. 이번에는 복사 다섯 장이 아니라 스무 장을 부탁한 것이다. 그러자 양보를 한 사람들의 수가 급격하게 감소 했다. '왜냐하면' 단어의 효과는 소소한 부탁에는 유용하 지만 큰 부탁에서는 별다른 효과가 없었다. 부탁이 커지 면 그 부탁의 타당성을 검증할 합리적인 이유를 제공해야 할 필요성도 커지는 걸까? 아니면 어떤 보상이라도 주어 야 하는 걸까?

랭거의 연구보다 최근에 이루어진 연구에서는 줄을 양보해달라는 부탁을 할 때 이유가 아닌 금전적 보상을 제공할 때의 결과를 관찰했다. 아마도 줄 앞에 끼워달라 는 부탁을 하면서 돈을 지불하겠다고 한 경우 지불하려는 돈의 액수가 크면 클수록 양보를 받을 확률도 커지리라고 예상할 것이다. 하지만 여기에 반전이 있다. 줄을 양보한 사람 중에 실제로 돈을 받은 사람은 거의 없었다(학생들의 경우는 대부분 돈을 받았다).

물론 절실하게 필요한 경우에는, 금전적 보상이 결과 에 영향을 미치는 것은 분명한 듯하다. 그러나 금전적 보 상의 규모가 크다는 것은, 요구하는 것을 성취해야 할 절실함도 크다는 의미이고, 그럴수록 부탁을 받은 사람이 긍정적 대답을 할 확률도 더 커진다. 이때 실제로 그 돈을 받지 않아도 상관없었다.

그러므로 거의 50년 전 랭거가 발견한 사실은 오늘날까지도 여전히 유효하고 중요한 발견이다. 부탁을 하거나, 제안을 하거나, 아이디어를 들려줄 때 상대에게 긍정적인 답변을 듣고 싶다면 강력한 이유를 반드시 대는 것이 좋다. 설령 그 이유가 그다지 명확하지 않다 하더라도 말이다.

아이들에게 방을 치우라든지, 숙제를 하라고 말할 때, 배우자에게 재활용 쓰레기를 버리라고 할 때나 설거지를 하라고 할 때 긍정적인 대답을 들을 수 있는 좋은 방법은 '왜냐하면'을 덧붙이는 것이다.

- 누군가에게 어떤 부탁을 하기 전에 왜 그런 부탁을 하는지 이유를 파악해두어야 한다. 그리고 그 이유를 상대에게도 명확히 알려야 한다.
- 이유를 생각할 때는 자신에게 이렇게 물어보라. '내 요구를 들어주면 상대방이 얻게 되는 이득은 무엇인가?'
- 부탁을 할 때는 그 근거를 설명할 수 있도록 '왜냐하면'이라는 단어를 사용하라.

17

다이어트와
'좋아요'의 상관관계

약속 이행의 법칙 ━━━━━

상대가 나의 부탁을 정말 잘 이행하게 하려면
측정 가능한 공동의 목표를 강조하라.

보리스 존슨Boris Johnson이 런던의 시장이었을 때, 그는 유명한 말을 했다. "약속을 하기는 쉽다. 어려운 부분은 약속을 지키는 것이다." 정치적 관점에서 듣기에 안심이 되는 말은 아니지만 설득의 관점에서 보면 그의 말은 가혹한 진실을 이야기하고 있다. 주어진 업무를 서둘러 한다고 해서 결과도 항상 신속하게 나오는 것은 아니라는 사실을 우리는 자주 경험한다. 호의에 보답하기 위해 보고서를 써주겠다고 약속하거나 선반을 만들어주겠다고 약속을 해도, 약속을 하는 것과 그 약속을 실천하는 것 사이에는 공백이 있는 경우가 있다(때론 그 간극이 바다처럼 넓을 때도 있다).

이유는 간단하다. 어떤 일을 하겠다고 약속하는 것과 실제로 그 약속을 지키는 일은 두 가지 면에서 완전히 다르기 때문이다. 예를 들어, 많은 사람들이 흔히 하는 새해의 다짐을 생각해보자. '더 건강해지기', '더 많이 운동하기' 이 두 가지는 우리 자신을 포함해 많은 사람들이 자주 세우는 목표다. 많은 이들이 작년의 결심이 올해의 결심과 사실상 똑같다는 사실을 놀라울 정도로 쉽게 잊는다. 그리고 계속 순환되는 이 비극적 운명 역시 쉽게 잊는다.

어쩐지 남의 이야기 같지 않다면, 여러분은 혼자가 아니다. 일부 매체에서는 심지어 이 현상에 이름을 붙이기도 했다. 몇 년 전, 이 책의 저자 중 한 명인 스티브 마틴 Steve Martin이 BBC와 '다이어트 데이의 죽음'이라는 제목으로 인터뷰를 한 적이 있다. 영국의 대규모 설문조사에 의하면 2월 1일까지 한 달 동안 새해 결심을 지키지 못한 사람은 전체의 80퍼센트에 달했다. 불과 몇 주 전까지만 해도 그토록 의욕적으로 다짐했음에도 불구하고 말이다. 습관적인 행동은 바꾸기 어렵다. 다른 사람을 설득할 때나 우리 자신을 설득할 때나 마찬가지다. 다행스럽게도, 약속이 이루어지고 감시되는 방식을 아주 조금만 고쳐도 그러한 바람직한 변화의 '지속성'을 크게 향상시킬 수 있음을 보여주는 사회 심리학 연구가 있다.

첫 번째 방식은 그 약속의 주체가 누구인가와 관련이 있다. 다른 사람이나 우리 자신을 설득해 어떤 중요한 약속을 이행하게 만들 때 자발적으로 한 약속은 시간이 지나도 덜 무뎌지는 경향이 있다. 이런 말이 있다. '의지에 거스르는 행동을 하는 사람이라 해도 여전히 의지는 같다.' 인간은 일관성을 강하게 선호하는 경향이 있다. 우리는 신념과 가치, 타고난 특징 등을 고수하며 살기 위해 애를 쓴다. 누군가의 신념, 가치관, 타고난 특징을 일관되게 지키며 살도록 약속의 틀을 만들고 싶다면 억지로 강요받는다는 느낌을 주기보다는 그 사람이 스스로 결정하게 만드는 편이 훨씬 효과적이다.

자발적인 약속도 매우 바람직하지만 그 약속을 오랫동안 지속적으로 이루어지게 하려면 적극적이고 공개적인 약속이 도움이 된다. 동료나 친구, 가족에게 적극적이고 공개적인 약속을 받아내면 미래의 어느 시점에 그 약속을 철회할 가능성이 적어진다.

예를 들어 병원이나 치과, 미용실에서 흔히 작성하는 예약 카드를 생각해보라. 다음에 올 날짜와 시간을 여러분이 직접 쓰는가 아니면 접수대 직원이 쓰는가? 우리는 병원을 대상으로 연구를 진행했다. 우리는 병원 직원이 예약 내용을 적지 않고 환자가 다음 예약일과 예약 시간을 직접 적게 했다. 그 결과 병원 직원이 예약 내용을 적은 환자들과 비교해 스스로 예약일을 적은 환자들이 예약 약속을 어기는 경우가 18퍼센트 감소했다.

적극적으로 약속을 한 사람들이 그 약속을 더 잘 지키는 듯하다.

어떤 약속 내용을 자발적이고 공개적으로 적으면 '단순한 약속'을 '실제로 이행'하게 하는 데 영향을 미칠 수 있다. 팀원들에게 목표를 종이에 적도록 하면 그 목표에 더욱 전념하는 데 도움이 된다는 의미다. 함께 자취하는 친구에게 예전에 그 친구가 살던 집이 무척 깨끗하고 정돈이 잘 되어 있었음을 부드럽게 상기시켜 주는 것이 협박, 강요, 분노의 분출 같은 방식보다 훨씬 더 효과적이다. 현재 같이 사는 집을 청결한 공간으로 만들 수 있는 더 나은 방법이다. 스카우트 단원들이 모든 단원들 앞에서 스카우트 서약을 하고 배지를 받은 후, 배지 사진과 다짐을 공개적으로 올렸을 때 얼마나 많은 친구들과 팔로워들이 좋아요를 눌러주느냐에 따라 2월 2일에 몸에 좋은 브로콜리를 먹을지 고칼로리의 과자를 먹을지 달라질 수 있다.

목표를 제대로 설정하기 위해 널리 인정받는 팁을 한 가지 알려주자면, 구체적인 숫자로 된 목표를 정하라는

구체적인 목표를 얼마나 많은 사람의 지지를 받으며

실행하느냐에 따라 결과는 달라진다 .

것이다. 그래야 집중해서 노력을 기울일 수 있다. 가령, 한 달에 1킬로그램 빼기, 내년 휴가 때까지 한 달에 7만 원씩 저축하기, 한 달에 책 두 권씩 읽기, 매일 저녁 아이디어 세 가지 씩 생각하기 등의 목표는 한 눈에 봐도 직관적으로 납득이 된다. 숫자로 된 목표는 명확하고 구체적이다.

목표를 추구할 때 필요한 다른 요소들도 있다. 하나는 도전 의식이고 또 다른 하나는 달성 가능성이다. 사람들은 목표가 주는 도전 의식을 충분히 느끼고 싶어 한다. 그래야 목표를 달성했을 때 성취감을 느낄 수 있다. 하지만 성취할 수 없는 목표는 동기부여는커녕 마음만 다치게 할 뿐이다. 바로 이 지점에서 숫자로 된 목표를 정하는 것에 문제가 생긴다. 상대적으로 달성 가능성이 있는 목표를 정하느냐 아니면 상대적으로 도전 의식을 불러일으키는 목표를 정하느냐 혹은 많은 경우에 그러하듯 이 둘을 절충한 목표를 정하느냐가 문제다. 여기에도 대안은 있다.

일명 '하이-로우High-Low' 목표라고 하는 방법인데, 이 방법은 누군가에게 어떤 요청을 했을 때 그 일이 최고의 성과를 낼 수 있도록 하는 좋은 방법이 될 수 있다.

연구자들은 다이어트를 목표로 모인 집단에서 한 집

단에는 '일주일에 1킬로그램씩' 감량하기를 미션으로 주었고 다른 집단은 일주일에 500그램~1.5킬로그램씩 빼는 '하이-로우' 방식으로 목표를 정했다. 사실 평균적으로 보면 목표 수치는 같다. 그런데 결과는 매우 흥미로웠다. 일주일에 1킬로그램씩 빼기로 한 참가자 중 10주 동안 꾸준히 프로그램에 참가한 사람은 절반 정도였다. 하지만 하이-로우 목표를 정한 집단의 경우는 약 80퍼센트 정도가 프로그램 끝까지 남았다. 무엇보다도 흥미로운 점은 하이-로우 방식의 목표가 전반적인 성과에는 미미한 영향을 미쳤다는 사실이다. 사실 큰 차이가 있는 것은 아니지만 하이-로우로 범위를 잡아 목표를 정한 사람들이 결과가 조금 더 나았다. 그러므로 하이-로우 목표를 정한다고 해서 반드시 낮은 목표만큼을 성취하는 것은 아니라는 점을 명심해야 한다. 오히려 하이-로우 목표를 정했을 때 이를 성취하려는 노력이 더 오래 지속되므로 전체적인 성과도 나아진다. 남은 시간에 더 나은 목표를 달성하기 위해 더 오래 몰두하기 때문이다.

- 누군가를 어떤 일에 전념하도록 만들고 싶다면 구체적인 목표를 제시해주어라.

- 스스로 다짐을 하거나 다른 사람에게 어떤 다짐을 하게 할 때는 공개적으로 하라. 페이스북에 마라톤에 참가하겠다는 다짐을 올려라. 업무 회의에서 우리 팀이 프로젝트를 진행하겠다고 선언하라.

- 목표를 정할 때는 한 가지로만 정하지 말고 뿌듯함을 느낄 수 있는 결과의 범위를 정하라. 그러면 그 목표를 이루기 위해 더욱 최선을 다하게 된다!

18

차일피일 미루기만 하는
사람들을 위한 간단한 처방

'만약 ~한다면,
그때는 ~해야지' 법칙 ━━━━━

누군가에게 약속을 잘 지키도록 하려면 언제, 어디서, 어떻게
그 약속을 실천할지 구체적인 계획을 물어보라.

레오나르도 다빈치의 대표작 〈모나리자〉를 모르는 사람은 거의 없을 것이다. 하지만 르네상스 시대의 박식가였던 그가 무슨 일이든 늘 미루는 사람이었다는 사실을 아는 이는 많지 않을 것이다. 여러분이 다빈치처럼 어마어마한 천재라면 흥분할 만한 아이디어들이 무궁무진할 것이다. 다빈치도 그랬다. 하지만 한 개 아이디어를 향한 그의 관심과 집중력은 이내 다른 아이디어로 인해 빛을 바래기 일쑤였고 결과적으로 다빈치의 수많은 아이디어들은 결말을 맺지 못하거나 버려졌다. 그의 일기에는 이런 내용이 쓰여 있었다. '뭐라도 끝낸 일이 있으면 알려다오. 뭐 하나라도 끝낸 일이 있다면.' 다행스럽게도 꽤 많은 작업이 마무리되었다. 전 세계적으로 가장 유명한 작품 〈모나리자〉도 물론 완성했다. 비록 그 작품을 완성하기까지 16년이 걸리기는 했지만 말이다.

일을 차일피일 미루는 사람이 다빈치만은 아니다. 대다수 사람들이 동료나 친구에게 "물론 해줄 수 있지. 나한

테 맡겨."라는 말을 들어놓고 결과물을 받지 못했던 경험이 있을 것이다. 현대사회를 살아가다 보면 미래에 어떤 일을 도와주겠노라고 약속하는 것이 실제로 그 약속을 이행하는 것보다 쉬운 경우가 많다. 그렇다고 해서 그런 사람들을 반드시 게으르다고만은 할 수 없다. 다만, 현재와 비교했을 때 미래에 더 많은 시간을 갖게 되리라고 우리자신을 속이는 일이 더 쉬울 뿐이다. 레오나르도 다빈치처럼 계속 다른 아이디어가 떠오를 수도 있다. 이전에 했던 약속들은 '해야 할 일 목록'과 '내일 해야지 목록'에 짓눌리다가 결국 중요도가 축소되고 완전히 잊히는 결말로 이어지는 경우가 허다하다.

결과적으로 본래의 의도는 구체적인 실천과 거리가 아주 멀어진 채 흐지부지 될 수도 있다.

그렇다면 자발적이고 공개적인 약속이 얼마나 잘 이행되는지를 생각해보라. 이런 약속들도 늘 잘 지켜지는 것은 아니다. 특히 의도를 알린 시점과 그것을 실제로 실행하는 시점 사이에 간극이 클 경우 더욱 그렇다. 궁극적으로 설득력을 가지려면, 약속을 한 사람에게 그 약속을 떠올리게 하고 약속 이행을 미루기보다는 완수할 수 있도록 도와주는 장치가 필요하다.

한 가지 방법은 실행 의도 계획서를 활용하는 것이다. 미래에 약속을 이행하기로 한 사람에게 언제, 어디서, 어떻게 그 약속을 이행할지 구체적인 계획을 세우게 하면 효과적이다. 한 예로 선거를 생각해보라. 선거 과정에 참여해 투표를 하는 것은 민주주의 사회에서 시민의 중요한 의무라는 사실에 대부분의 사람들이 동의한다. 하지만 그럼에도 불구하고, 선거 날이 되면 투표장 가는 길에 다른 일들이 끼어들어 방해하기 일쑤다(아니면 바쁜 하루를 보낸 후 선거에 심드렁해진 나머지 시민의 의무는 반가운 한 잔 술에 잊히기 쉽다). 선거 결과는 종종 60퍼센트 미만의 투표율로 막을 내리곤 한다. 연구자들은 유권자에게 다가오는 선거에 투표를 할 것인지를 묻는 실험을 진행했다. 대다수가 투표를 하겠다고 대답했는데 이렇게 대답한 유권자 중 많은 이들이 투표소에 나타나지 않았다. 연구 팀은 또 다른 그룹의 유권자에게는 투표를 할 계획인지 묻고 대다수가 그렇다고 하자, 왜 투표를 하는지, 몇 시 정도에 투표를 하러 갈 예정인지, 투표 장소까지는 어떻게 갈 건지 등을 물었다. 그 결과 이 질문에 답한 유권자들은 높은 투표율을 보였다.

누군가에게 요청한 일이 실제로 실행되게 할 가능성을 높이려면 막연하게 광범위하고 일반적인 목표를 생각하게 하기보다는 구체적인 단계를 시각화하고 생각하게 만들도록 하는 것이 효과적인 듯 보인다. 그렇다고 해서 아이들에게 숙제를 다 마치도록 할 때, 구체적인 실행 계획을 만들게 하는 것이 숙제를 마칠 확률을 더욱 높여주지는 확실하지 않다. 하지만 이 방법이 평범한 당근과 채찍 방식보다는 덜 피곤한 방법이 될 수 있다.

우리가 설득하는 데 어려움을 겪곤 하는 또 다른 대상이 있다. 그 대상에게 집중하지 않으면 약속을 이행하게 만들기 위해 나누는 그 어떤 대화도 소용없다. 그 대상은 바로 우리 자신이다.

규칙적으로 운동하기에서부터 더욱 생산적인 업무 방식에 이르기까지, 보다 친환경적인 방식으로 사는 것에서부터 소셜 미디어에 들이는 시간을 줄이겠다는 다짐에 이르기까지, 어떤 목표를 정하든지 '만약 ~한다면, 그때는 ~해야지' 식으로 실행 계획을 짜면 성공할 확률이 높아진다.

한번 살펴보자. 먼저 정기적이고 예측 가능한 시간이나 장소 혹은 특정한 상황을 떠올려본 다음 그 상황에 맞는 바람직한 행동을 대입해보라. 예를 들어, 좀 더 건강한 식생활을 하고 싶은데 업무의 특성상 영업을 위한 식사 자리를 피할 수 없는 경우를 생각해보자. '만약 ~한다면, 그때는 ~해야지' 공식에 이 상황을 대입하면 아마 이렇게 될 것이다. '식사를 하러 가서 웨이터가 디저트를 주문하겠냐고 물으면 그때는 민트 차를 마셔야지.'

규칙적으로 운동을 하고 싶어 하는 사람에게 이 공식을 대입하면 이렇게 될 것이다. '월요일, 수요일, 금요일에 퇴근하면 달리기를 해야지.'

이는 단순히 희망적인 사고방식이 아니다. 한 연구에 의하면 이런 식으로 실행 계획을 짠 사람들 열 명 중 아홉 명은 더욱 장기간 동안 규칙적으로 운동을 했다. 구체적인 계획을 세우지 않고 막연하고 광범위한 계획을 세운 사람들이 열 명 중 세 명만 운동 계획을 실천한 것과는 무척 비교되는 수치다.

'만약 ~한다면, 그때는 ~해야지' 실천 계획이 효과적인 이유는 의도적인 노력이 습관이 되기 때문이다. 일단 계획이 만들어지고 구체적인 상황이 생기면, 이와 관련된 행동 계획이 활성화될 준비가 된다. 이렇듯 활성화된 행동은 일상이 된다.

어디까지나 추측이지만 레오나르도 다빈치도 실행 계획을 조금만 더 세웠더라면 좋지 않았을까? '다른 아이디어가 떠올라서 방해가 될 때는, 초상화 작업으로 돌아가서 그림을 완성해야지.' 이런 식으로 말이다. 어쩌면 그의 미완의 작품들 중 몇 점은 더 완성된 작품으로 남겨지지 않았을까?

- 목표를 세울 때는 단순히 해야 할 일 목록을 써 내려가는 것만으로는 충분치 않다는 사실을 명심하라.
- 목표를 정했으면 언제 어디서 어떻게 실천할지 구체적인 실행 계획을 단계별로 세워라.
- 다른 사람을 설득할 때도 이 방법을 사용하게 하라. 팀을 책임지고 있거나 어떤 프로젝트를 책임지고 맡아서 진행하는 상황이라면 정기적으로 실행 계획을 검토하는 시간을 가져라.

19

모두가 '아니'라고 할 때 '예'라고 하는 일의 위험성

'사회적 증거'의 법칙 ━━━━━━

앞서 실행한 사람들의 이야기를 활용하라.

최근 어떤 결정을 내렸는데 그 결정이 옳은 결정인지 확신이 들지 않았던 적이 있는가? 대다수가 때때로 어떤 것이 옳은 선택인지 알지 못한 채 결정을 내려야 하는 상황을 맞닥뜨리곤 한다. 그리고 그런 결정을 내릴 때는 이미 같은 상황에서 다른 사람이 내렸던 결정을 따르려는 경향이 두드러진다.

공항이 좋은 예다. 비행기 탑승 줄에 서서 이 줄이 내가 타려는 줄이 맞는지 전적으로 확신하지 못하는 것은 여러분만이 아니다. 기나긴 줄 뒤에서 하염없이 기다리다가 가까스로 맨 앞까지 가게 되었을 때 그 줄이 잘못된 줄임을 깨닫고 바로 옆(더 짧고 빠르게 줄어드는) 줄에 다시 섰다는 이야기를 들어본 적이 있을 것이다.

식당도 비슷하다. 식당을 고를 때 사람들이 많은 식당을 선택하는가 아니면 한산한 식당을 선택하는가? 식당에 대한 정보가 확실하지 않은 상황에서는 으레 사람 많은 식당을 고르기 마련이다. 만약 한산한 식당을 골랐다면 식당 주인은 조금이라도 식당을 북적여 보이게 하려고 여러분을 밖에서 잘 보이는 창가 자리로 안내할 가능성이 크다. 식당을 예약할 때도 상황은 비슷하다. 식당을 예약할 때 이미 식당을 이용한 사람들이 준 4~5점의 높은 별점이 식당 선택에 중요한 영향을 미치지는 않았는가? 아마 대부분 그럴 것이다. 불확실한 상황에서 어떤 행동을 취해야 하거나 위험이 수반되는 상황에서 선택을 해야 할 때는 앞서 다른 사람이 했던 행동을 따르는 것이 효율적이고 빠른 결정을 내리는 신뢰할 만한 방침이 되기도 한다. 심리학자들은 이를 '사회적 증거'라고 한다. 요컨대 사람들은 다른 사람이 남긴 선례를 따라하는 경우가 많다.

많은 사람이 선택했다는 사실이 주는 설득의 힘을 입증하는 연구도 많다. 한 연구에서는 다른 구성원의 행동을 따라하는 데 사회적 증거가 미치는 영향을 살펴보았다. 한 그룹 사람들에게 A, B, C 세 줄 가운데 가장 긴 줄이 무엇인지 물었다. 정답은 명백하게 C였다. 실험에 참가한 사람들은 단 한 명의 진짜 참가자를 제외하고는 모두 실험 내용을 알고 있었다. 그들은 차례대로 B가 가장 길다며 틀린 답을 말했다. 여기서 진짜 실험은 마지막 참가자의 답이다. 마지막 참가자가 앞서 틀린 답을 말한 사람들의 영향을 받지 않고 자신이 본 대로 정답을 말할 것인지가 이 실험의 핵심이었다. 여러 차례 진행된 실험에서 C가 명백한 정답이었음에도 불구하고 이 질문을 들은 마지막 참가자들은 대부분 B를 정답이라고 말했다.

어째서 사람들은 군중의 흐름에 굴복하는 걸까? 한 가지 이유는 이미 많은 사람들이 어떤 일을 하고 있다면 그것이 옳은 일이라는 징표처럼 보이기 때문이다. 수백 명의 사람들이 건물 밖으로 뛰어나오며 "불이야" 하고 외친다면 무작정 그들을 따라 달리는 것이 최선의 선택이다. 이와 비슷하게, 모든 친구들이 최신 영화에 대해 이야기를 한다면 혹은 소셜 미디어에 이 책에 대한 애정을 듬뿍 담은 포스팅을 올린다면, 아마 여러분도 그 영화나 이 책을 좋아하게 될 가능성이 크다. 누군가를 따르는 행위는 인간의 두 가지 기본적인 필요를 충족시켜준다. 하나는 다른 사람과의 유대감이고 또 하나는 다른 사람의 인정을 받는 것이다.

그러므로 누군가를 설득하려 할 때는 이미 많은 사람들이 그 일을 했다는 사실을 강조하는 것이 좋다. 집에서 아이들에게 정말 하지 말았으면 하는 행동을 논리적으로 설득하려 하기보다는 다른 친구들은 그 일을 하지 않는다는 사실을 언급하는 편이 훨씬 효과적이다. 직장에서는 새로운 계획을 피력할 때 얼마나 많은 사람들이 이미 그 계획을 찬성했는지를 강조하는 것이 계획을 현실화하는 데 도움이 될 수 있다. 친구들에게 원하는 휴양지로 가자고 설득하고 싶다면 자신의 설득력에 의지하기보다는 이미 그 휴양지를 다녀온 사람들의 긍정적인 평가를 보여주는 것이 훨씬 도움이 된다.

가장 효과적인 사회적 증거는 설득하려는 대상과 가장 직접적이고 가까운 곳에서 나온다는 사실을 명심하자. 앞서 언급한 휴양지를 설득하는 사례를 좀 더 확대해 생각해보자면 그 휴양지를 다녀와서 긍정적인 평가를 내린 사람들이 여러분이나 친구들과 연령이나 성별, 관심사 등이 전혀 다른 사람들이라면 설득의 효과는 훨씬 덜 할 것이다. 하지만 친구들과 연령이나 관심사 등이 같은 사람들이 내린 평가라면 훨씬 더 매력적인 설득의 방법이 될 것이다.

또한 바람직하지 않은 어떤 속성을 지적하면 똑같은

일이 반복해서 일어나게 될 가능성이 크다는 사실도 염두에 두어야 한다. 배우자에게 항상 "당신은 늘 재활용 쓰레기 버리는 걸 잊어버리는군." 하는 소리를 듣는 사람은 아마 쉽게 변하지 않을 것이다. 이와 비슷하게, 직장에 있는 모든 사람들이 "이 회사에서는 회의가 제 시간에 시작하는 걸 한 번도 못 봤어."라고 말한다고 해서 회의가 갑자기 제 시간에 시작될 일은 거의 없을 것이다. 그러므로 누군가가 어떤 행동을 하도록 만들고 싶다면 얼마나 많은 사람들이 이미 그 일을 했는지를 강조하는 것이 핵심이다.

다수의 행동은 때때로 부정적인 선택을 유도한다는 사실도 분명히 알아두어야 한다. 다시 레스토랑 사례로 돌아가 보자. 여러분은 식당에서 친구들과 함께 식사를 마치고 디저트 메뉴를 고르고 있다. 친구들의 대화가 줄어들 기미가 보이지 않아 먼저 디저트를 주문하려 했는데 레몬 치즈케이크를 먹을지 크림 브릴레를 먹을지 결정하지 못해 갈팡질팡하고 있다. 그래서 다른 누군가 먼저 주문하는 것을 보고 참고하기로 했다. 그런데 먼저 주문한 사람이 배가 너무 부르다며 디저트를 먹지 않겠다고 말했다. 그러자 두 번째 사람도 그렇게 했다. 식사를 하던 다른 친구들도 모두 디저트를 먹지 않겠다고 했다. 여러분이 디저트를 주문한다고 해도 막을 사람은 아무도 없고, 여러분도 디저트를 먹고 싶다. 그러나 만약 디저트를 먹겠다고 하면 암묵적으로 그룹 내의 기준을 깨는 것 같은 기분이 든다. 결국 내키지는 않지만 디저트를 포기할 것이다.

늘 모든 사람이 아무 생각 없이 다른 사람의 행동을 따라한다는 말은 아니지만, 주변 사람들의 행동과 결정이 우리 자신에게 강력한 설득력을 가질 수 있다는 사실은 분명 명심할 가치가 있다. 그런 성향이 위험을 피하게 해준다거나 좋은 영화, 멋진 휴양지를 선택하는 데 도움을 준다면 괜찮다. 하지만 최소한 누군가는, 가령 디저트를 선택하는 데 다른 사람의 선택이 방해가 된다면 우리 자신이 다른 사람의 결정에 영향을 받고 있음을 기억하는 것 역시 설득력의 한 방법이 될 수 있다.

- 누군가에게 어떤 행동을 바란다면 그와 비슷한 상황에 있던 사람들의 선례를 보여주라.

- 사람들은 자신과 비슷한 사람들을 따르는 경향이 있다. 그러므로 명성 높은 사람의 추천서를 보여주기보다는 설득하고자 하는 대상과 가장 비슷한 사람들의 평가를 활용하는 것이 더욱 효과적이다.

- 소셜네트워크에 팔로워 수가 증가하고 있다는 점을 강조해 '팔로워'를 늘리라. 만약 팔로워 수가 200명에서 400명으로 늘었다면 팔로워 수가 두 배로 늘었다는 사실을 트위터에 올릴 수도 있다. 인스타그램에서 목표한 팔로워 수에 도달하도록 팔로워들에게 혜택을 제공하는 것도 방법이다.

20

좋은 것보다
싫은 것을 더 강렬하게
기억하는 이유

손실 기피자 법칙 ━━━━━━

손실은 이익보다 더 크게 느껴지므로
결정을 내리기 전에 무엇을 잃게 될지를 설명하라.

출근길에 거리에서 5만 원권 지폐를 주웠다고 생각해보자. 기분이 어떨 것 같은가? 많은 사람들이 이 돈을 잃어버린 사람의 불운을 잠시 생각하겠지만 이내 자신의 행운에 더 크게 기뻐할 것이다.

이와 반대로 이번에는 길거리에서 같은 액수를 잃어버렸다고 생각해보자. 기분이 어떨까? 아마 상당히 우울할 것이다. 확실히 같은 돈을 주워서 기분 좋은 것보다 그 돈을 잃어버려서 우울한 정도가 훨씬 크다.

사람들은 무언가를 얻을 때 느끼는 행복보다 잃을 때 더 큰 우울감을 느낀다. 여기서 한 가지 재미난 의문이 든다. 만약 아침 출근길에 운 좋게 5만 원권을 주웠는데 같은 날 그 돈을 잃어버렸다면 어떨까? 사실상 경제적으로 따지면 아무런 손실도 보지 않았다. 이익과 손실이 서로 상쇄하기 때문이다. 하지만 정서적으로 기분이 나빠질 가능성이 더 크다. 심리학자들이 잘 알고 있는 단순한 이유 때문이다. 인간은 심리적으로 득보다 실을 더 크게 생각한다.

한 유명한 연구에서도 이러한 사실을 증명하고 있다. 연구 팀은 각 가정에 전기요금을 줄일 수 있는 간단한 방법들을 소개한 안내서를 나눠주었다. 이 안내서는 다 똑같았지만 딱 한 문장만 달랐다. 절반의 안내서에는 소개한 방법대로 하면 전기세를 줄일 수 있을 것이라고 썼고, 나머지 절반에는 이 방법대로 하지 않으면 매일 조금씩 손해를 보게 될 것이라고 썼다. 이 한 문장의 효과는 매우 즉각적이고도 크게 나타났다. 전기세를 절약할 수 있다는 안내문을 받은 가정보다 매일 손해를 볼 수 있다는 안내문을 받은 가정이 두 배 가까이 지침을 실천했다. 설득력을 가지려면 어떻게 해야 하는지 이제 명확해졌다. 설득하고자 하는 대상에게 권고나 설득을 따르지 않으면 잃게 될 것을 솔직하게 말해주는 것이 즉각 설득 내용을 실천하도록 하는 효과적인 전략이다.

많은 사람들이 전형적인 '손실 기피자'라는 사실은 그 사람이 충성하고 있는 것을 저버리게 하거나 최근의 습관을 바꾸게 할 때 혹은 단순히 금전적인 손해만 보는 데 그치지 않는 행동을 하도록 설득할 때 걸림돌이 되기도 한

대개 사람은 전형적인 '손실 기피자'이다 .

인간은 이익보다 손실을 더 강렬하게 기억한다 .

다. 좋아하는 브랜드를 바꾸거나, 흡연 같은 습관을 중단하거나 더 건강한 식단으로 바꾸게 하려 할 때는 전혀 다른 종류의 비용을 치러야 한다. 친숙함, 안락함, 혹은 흡연의 경우 함께 담배를 피우던 동료와의 관계 등을 포기해야 하는 것이다. 더러는 체면을 잃기도 한다. 누군가에게는 이런 대가가 단순한 비용 그 이상을 의미할 수도 있다. 만약 여러분이 이런 상황에 직면했다면, 혹은 여러분이 다른 누군가에게 체면을 잃을지도 모르는 어떤 일을 하도록 설득하는 상황이라면 어떻게 해야 할까?

우선 일반적으로 사람들의 심리에서 득과 실의 교환 비율이 1:1이 아니라 1:2이기 때문에, 현 상태를 완전히 바꿔야 하는 제안을 하는 것은 효과가 매우 적다는 사실을 명심해야 한다. 따라서 이런 경우에는 대안들이 어떻게 명백하게 이점이 될지를 분명히 밝히고, 그 이점들이 손실을 본 부분을 메우도록 틀을 짜는 것이 중요하다.

누군가를 설득할 때 중요한 또 한 가지는 조언이나 제안의 희소성 가치다. 설득하고자 하는 대상에게 이 제안이 드물고 독창적이라는 점을 드러내면 호소력이 더욱 커진다. 같은 프로젝트를 진행하는 동료에게 프로젝트를 완수할 경우 얻게 될 흔치 않은 이익을 언급하면 설득에 도움이 된다. 혹은 이 프로젝트를 다 같이 힘을 합쳐 열심히 하지 않으면 크리스마스 보너스는 물 건너 갈 것이라는 말도 설득력이 있다. 함께 저녁을 먹고 싶은 친구에게 이번 달에 딱 하루 함께 저녁을 먹을 수 있는 날이 있다고 말하면 그 친구와 저녁을 함께 먹게 될 가능성이 더욱 높아질 것이다. 거기에 그 저녁 자리에 오지 않으면 아주 흥미진진한 소식을 듣지 못할 것이라는 말을 더하면 승낙의 확인 도장을 찍을 수 있다.

• 설득하고자 하는 대상이 '예스'라고 할 때 상대가 그로 인해 얻게 될 좋은 점들을 생각해보라. 상대가 제안을 탐탁지 않게 여긴다면 그들이 무엇을 잃을 수 있는지도 생각해보라.

• 설득력을 높이기 위해 경쟁 심리를 이용하라. 지금 이 제안이나 서비스가 다른 사람들이 몹시 원하는 것임을 설득 대상에게 강조하면 제안이 훨씬 더 매력적으로 보일 것이다.

• 자신의 시간을 귀하게 여겨야 다른 사람도 내 시간을 귀하게 생각해준다. "그날은 하루 종일 한가하니 당신이 편한 시간으로 하세요." 같은 말은 하지 않는 것이 좋다. 그보다는 "토요일이 좋습니다. 네 시나 일곱 시가 좋겠군요." 이런 식의 말이 훨씬 낫다.

가장 좋은 소식은
마지막까지 아껴두라

영향력 있는 사람이 되고 싶다면, 사람들에게 기억되고 싶다면, 높은 곳에서 마지막을 끝내야 한다.

가수나 공연자가 가장 인기 있는 노래나 공연을 콘서트 처음이나 중간에 하지 않고 맨 마지막에 한다는 사실을 알고 있는가? 거기에는 그럴 만한 이유가 있다. 그렇게 할 때 팬들이 더 행복한 마음을 안고 집에 갈 것이라는 사실을 알기 때문이다. 오해하지 않길 바란다. 물론 첫인상도 중요하다. 하지만 주로 마지막 경험이 훨씬 더 중요하고 훨씬 더 오래 기억에 남는다.

어느 날 고통에 관한 실험에 참여해달라는 부탁을 받았다고 해보자. 실험에 참가해서 가장 먼저 받은 요구는 얼음처럼 차가운 물이 담긴 물통에 60초 동안 한 손을 담가달라는 것이다. 불편한 경험일 수도 있지만 가까스로 60초 동안 손을 담갔다. 그리고 이제 두 번째 실험에 참가해야 한다. 두 번째 요구는 손을 바꿔 다른 손을 그 통에 60초 동안 담그라는 것이다. 그런데 60초가 지났는데 얼음 양동이에 손을 30초 더 담그라는 요구를 받았다. 다만 두 번째 실험에서는 얼음 양동이의 수온이 섭씨 1도 높았다. 이제 여러분은 첫 번째 실험과 두 번째 실험 중 선택해서 원하는 방식으로 한 번 더 실험에 참가해달라는 부탁을 받는다. 여러분이라면 60초 동안 고통을 참을 것인가? 아니면 아주 미미하게 덜 고통스럽지만 60초에 30초를 더한 시간을 견딜 것인가?

대다수 사람들이 후자를 택했다는 사실이 놀랍지 않은가? 실제로 대다수 사람들이 더 긴 고통을 택했다. 이러한 결과는 우리가 실제 경험하는 것과 우리가 그 경험에 대해 기억하는 것 사이에 꽤 큰 차이가 있다는 사실을 고려해야 비로소 납득이 갈 것이다. 보통 어떤 경험을 떠올릴 때 그 경험 전체를 떠올리는 경우는 매우 드물다. 그보다는 특정 순간에 집중해 기억을 하는 것이 일반적이다. 경험을 기억할 때 특정 순간이 나머지 순간보다 훨씬 더 강하게 기억된다. 바로 마지막 순간이 그렇다. 물 실험은 우리가 불편함을 꽤 잘 견딜 수 있고 그 경험을 되돌아볼 때 마무리가 잘 된 경우 그 경험을 좋게 생각한다는 사실을 아주 잘 증명해주는 실험이다. 또한 이 실험을 통해 사람들은 불편함이 얼마나 길게 지속되었는지에 대해서는 덜 집중하는 경향이 있으며, 경우에 따라서는 아예 그 기간은 완전히 무시하기도 한다는 사실을 알 수 있다. 이는 얼음 양동이 실험에 참가한 사람들이 왜 불편함을 50퍼센트 더 기꺼이 감수하려 하는지를 설명해줄 수 있다. 실험 참가자들은 자신들이 고통스러웠던 시간의 길이보다는 첫 번째 실험이 끝났을 때보다 두 번째 실험이 끝났을 때 기분이 훨씬 더 좋았다는 점을 기억했다.

이러한 사례들은 단지 유명한 가수나 차가운 얼음 양동이에 손을 넣는 실험을 한 심리학자들에게만 해당되는 이야기가 아니다. 어디에서나 이런 경우를 흔히 볼 수 있다. 회사에서 누군가 노트북에 물을 쏟기 전까지만 하더라도 더 없이 잘 진행되고 있던 프레젠테이션. 저녁 식사를 다 마친 후 무례하기 짝이 없던 웨이터만 아니었더라면 정말 근사했을 데이트. 돌아오는 비행기가 취소되지만 않았다면 정말 멋진 휴식이 되었을 연인과의 주말 휴가. 하지만 여기에서 불행한 결론이 경험 그 자체에는 아무 영향을 미치지 않는다는 사실에 주목하라. 웨이터가 무례하게 굴기 전까지 혹은 비행기가 취소되기 전까지 여러분은 분명 완벽하게 근사한 시간을 보내고 있었다. 그렇게 생각하면 다른 사람과의 관계에서도 마무리를 하는 방식에 신경 쓰는 것이 얼마나 중요한지 쉽게 알 수 있을 것이다.

내년 휴가에서 잊지 못할 아름다운 추억을 남기고 싶다면 이런저런 자잘한 체험에 예산을 쓰기보다는 휴가 끝무렵 비싸더라도 근사한 이벤트 한두 개에 투자하는 편이 훨씬 더 나은 선택이다. 또한 비행기 좌석을 업그레이드하고 싶다면 가는 편보다는 오는 편 비행기 좌석을 업그레이드 하는 것이 훨씬 더 행복한 추억을 남기는 방법이다.

대화나 인간관계도 마찬가지다. 어떻게 마무리를 하느냐가 상대가 우리에게 기분 좋은 감정을 갖게 하는 데 대단히 중요한 영향을 미친다. 친구나 가족과 껄끄러운 주제로 대화를 해야 한다면, 대화 초반에 불편한 이야기를 먼저 하고 대화 후반부는 즐거운 주제로 이야기를 하거나 함께할 수 있는 즐거운 활동을 같이 하는 편이 훨씬 낫다.

경험 많은 어른이라면 이렇게 충고할 것이다. 논쟁거리는 절대로 침대로 가져가지 마라.

- 가장 좋은 소식은 마지막까지 아껴두라. 마지막에 전하는 것이 사람들에게 훨씬 더 큰 영향을 미칠 수 있다.

- 발표를 할 때는 자신에게 물어보라. '내가 사람들에게 가장 기억되고 싶은 모습 혹은 주제는 무엇인가?' 그리고 그 이야기를 가장 마지막에 하라.

- 자기 자신과 팀원들에게 가장 좋았던 시간으로 기억될 수 있는 한 순간을 만들라. 함께 했던 좋은 시간들은 쉽게 잊힌다. 특히 마무리가 좋지 않았던 시간은 더더욱 그렇다.

설득의 과학에 대하여

설득의 매커니즘을 연구하는 과학자인 우리에게는, 오직 '과학적 증거가 있는' 아이디어를 제시하는 것이 매우 중요한 문제다. 추측도, 예감도, 직관도 아니다. 우리는 오직 설득의 성공 기회를 높여준다고 입증된 아이디어와 원칙들만을 책에 담았다.

이 책에서는 다양한 연구 사례를 소개하고 있다. 어떤 연구는 우리가 직접 진행하기도 했지만 대부분 우리보다 앞서 사회과학자와 행동과학자들이 진행한 연구들이다. 일반적인 크기의 책에서는 모든 참고 문헌을 제공하는 것이 관행이다. 이 책은 손에 잡히기 좋은 작은 크기로 디자인 된 책이기 때문에 페이지 수를 늘려가며 과학적 참고 자료들을 다 수록하기보다는 온라인을 통해 정보를 제공하기로 했다. 우리가 소개한 연구를 더 자세히 깊이 이해하고 싶은 독자들은 웹사이트www.thelittlebookofyes.com를 방문해주길 바란다. 웹사이트에 과학 논문 링크와 모든 참고 문헌 목록을 기록해두었다.

참고문헌

영향력과 설득력에 관심이 있는 독자들은 짧은 추천 도서 목록을 살펴보면 더욱 도움이 될 것이다. 여기서 소개한 책들은 더 넓은 설득의 세계로 들어가는데 훌륭한 입문서들이며 다른 사람에게 그리고 여러분 자신에게 어떻게 하면 더 큰 영향력을 미치고 더욱 강한 설득력을 발휘할 수 있는지를 알려줄 것이다. 몇몇 책은 우리가 쓴 책들이다.

- 댄 애리얼리《상식 밖의 경제학》
- 데일 카네기《인간관계론》
- 로버트 치알디니《설득의 심리학》
- 로버트 치알디니《초전 설득》
- 애덤 갤린스키와 모리스 슈바이처《관계를 깨뜨리지 않고 원하는 것을 얻는 기술》
- 로버트 치알디니, 노아 골드스타인, 스티브 마틴《설득의 심리학 2》

• 칩 히스와 댄 히스 《스틱!》

덧붙여, 이 책의 독자라면 우리가 만든 10분짜리 유튜브 동영상도 마음에 들어할 것이다. 이 동영상에서는 영향력과 설득의 핵심 원칙들을 설명하고 있다. 유튜브 사이트에서 #scienceofpersuasion으로 검색하면 된다.

우리 웹사이트(www.influenceatwork.co.uk)를 방문해도 좋다.

웃는 얼굴로 구워삶는 기술

초판 1쇄 발행 2019년 7월 3일 초판 4쇄 발행 2019년 9월 6일

지은이 로버트 치알디니, 노아 골드스타인, 스티브 마틴
옮긴이 박여진
펴낸이 연준혁

출판 1본부 이사 배민수
출판 2분사 분사장 박경순
책임편집 박지혜
디자인 강경신
일러스트레이션 this-cover

펴낸곳 (주)위즈덤하우스 미디어그룹 출판등록 2000년 5월 23일 제13-1071호
주소 경기도 고양시 일산동구 정발산로 43-20 센트럴프라자 6층
전화 031)936-4000 팩스 031)903-3893 홈페이지 www.wisdomhouse.co.kr

값 11,800원
ISBN 979-11-90182-23-2 03320